¿Sabías que las personas han estado construyendo modelos de aviones por más de 100 años? En el museo "National Model Aviation", ubicado en Muncie, Indiana, se muestra la historia de este popular pasatiempo.

W9-DEU-317

HARCOURT
Estudios Sociales

Con los ojos de un niño

Harcourt
SCHOOL PUBLISHERS

www.harcourtschool.com

HARCOURT

Estudios Sociales

Con los ojos de un niño

Series Authors

Dr. Michael J. Berson
Professor
Social Science Education
University of South Florida
Tampa, Florida

Dr. Tyrone C. Howard
Associate Professor
UCLA Graduate School of Education & Information Studies
University of California at Los Angeles
Los Angeles, California

Dr. Cinthia Salinas
Assistant Professor
Department of Curriculum and Instruction
College of Education
The University of Texas at Austin
Austin, Texas

Series Consultants

Dr. Marsha Alibrandi
Assistant Professor of Social Studies
Curriculum and Instruction Department
North Carolina State University
Raleigh, North Carolina

Dr. Patricia G. Avery
Professor
College of Education and Human Development
University of Minnesota
Minneapolis/St. Paul, Minnesota

Dr. Linda Bennett
Associate Professor
College of Education
University of Missouri–Columbia
Columbia, Missouri

Dr. Walter C. Fleming
Department Head and Professor
Native American Studies
Montana State University
Bozeman, Montana

Dr. S. G. Grant
Associate Professor
University at Buffalo
Buffalo, New York

C. C. Herbison
Lecturer
African and African-American Studies
University of Kansas
Lawrence, Kansas

Dr. Eric Johnson
Assistant Professor
Director, Urban Education Program
School of Education
Drake University
Des Moines, Iowa

Dr. Bruce E. Larson
Professor
Social Studies Education
Secondary Education
Woodring College of Education
Western Washington University
Bellingham, Washington

Dr. Merry M. Merryfield
Professor
Social Studies and Global Education
College of Education
The Ohio State University
Columbus, Ohio

Dr. Peter Rees
Associate Professor
Department of Geography
University of Delaware
Wilmington, Delaware

Dr. Phillip J. VanFossen
James F. Ackerman Professor of Social Studies Education
Associate Director, Purdue Center for Economic Education
Purdue University
West Lafayette, Indiana

Dr. Myra Zarnowski
Professor
Elementary and Early Childhood Education
Queens College
The City University of New York
Flushing, New York

Classroom Reviewers and Contributors

Alicia Campbell
Teacher
Oakmont Elementary School
Columbus, Ohio

Jennifer Cook
Teacher
Walton-Verona Elementary School
Verona, Kentucky

Shirley Garlington
Teacher
Amboy Elementary School
North Little Rock, Arkansas

Amy Gibson
Teacher
Winds West Elementary School
Oklahoma City, Oklahoma

Vicki Kinder
Teacher
Oak Elementary School
Bartlett, Tennessee

Martha K. Lennon
Teacher
Virginia Lake School
Palatine, Illinois

Kathy Price
Teacher
Rivercrest Elementary School
Bartlett, Tennessee

Harcourt
SCHOOL PUBLISHERS

I1   Introducción: Tiempos, personas, lugares

I4   Cómo usar este libro

I8   Repaso de Geografía

Las reglas y las leyes

2   Unidad I Presentación del vocabulario

4   ⭐ **La lectura en los Estudios Sociales:**
     Causa y efecto
     Destreza clave

6   **Comienza con un poema**
     "La regla de la amistad"
     por M. Lucille Ford
     ilustrado por Stacy Peterson

10   **Lección I Reglas de la escuela**

14   **Destrezas de razonamiento crítico**
     Resolver un problema

16   **Lección 2 Reglas de la**
     comunidad

20   **Destrezas con mapas y globos**
     terráqueos
     Leer un mapa

22   **Lección 3 Las personas**
     dirigen el camino

26   **Destrezas de participación**
     Decidir con el voto

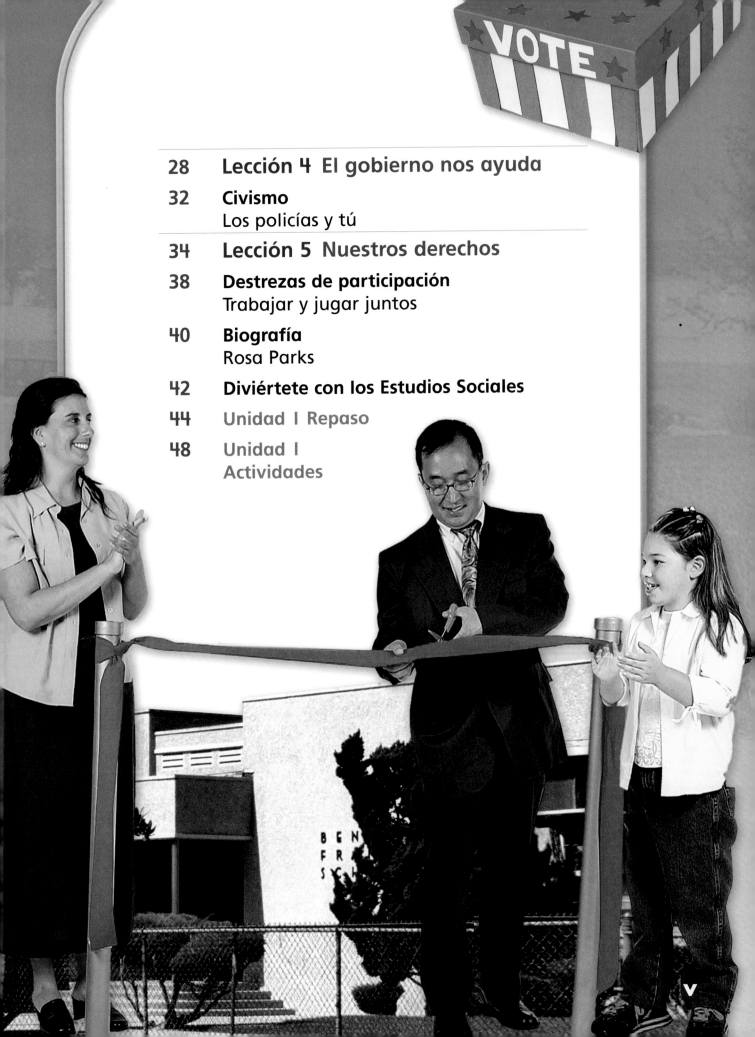

28   **Lección 4** El gobierno nos ayuda

32   **Civismo**
Los policías y tú

34   **Lección 5** Nuestros derechos

38   **Destrezas de participación**
Trabajar y jugar juntos

40   **Biografía**
Rosa Parks

42   **Diviértete con los Estudios Sociales**

44   Unidad 1 Repaso

48   Unidad 1
Actividades

v

Donde las personas viven

50   Unidad 2 Presentación del vocabulario

52   *Destreza clave* **La lectura en los Estudios Sociales:
Categorizar y clasificar**

54   **Comienza con un poema
"Hacer mapas"**
por Elaine V. Emans
ilustrado por Rob Dunlavey

56   **Lección I Busca dónde estás**

60   **Destrezas con mapas y globos terráqueos**
Usar un globo terráqueo

62   **Lección 2 La tierra y el agua**

66   **Excursión**
Parque Nacional Great Smoky Mountains

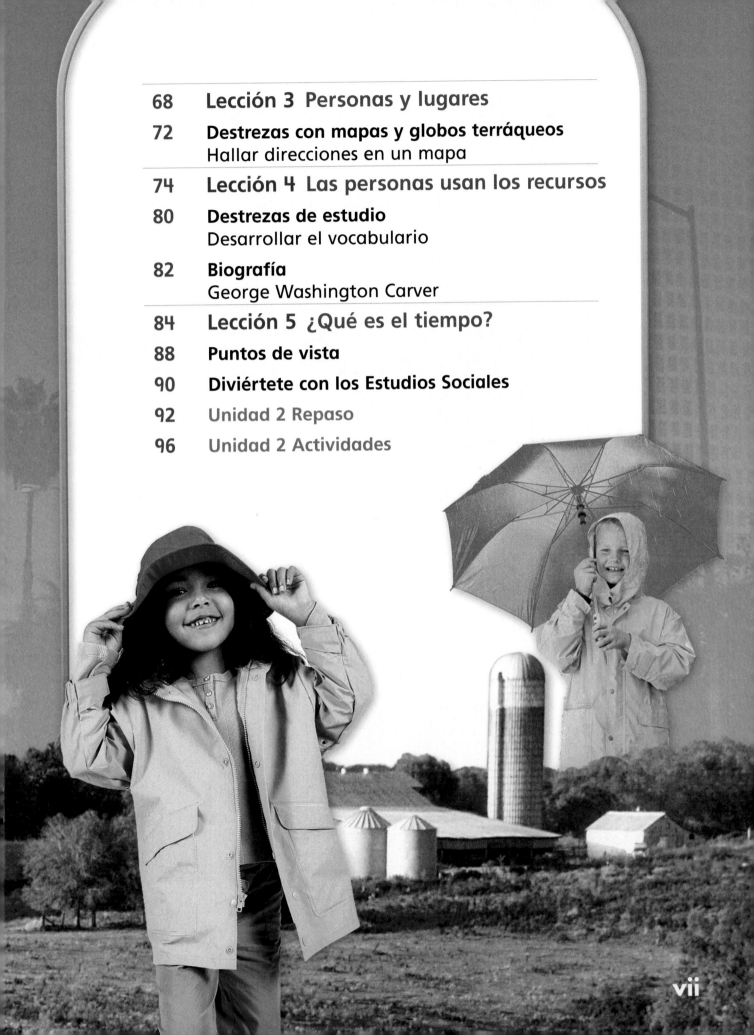

68 **Lección 3** Personas y lugares

72 **Destrezas con mapas y globos terráqueos**
Hallar direcciones en un mapa

74 **Lección 4 Las personas usan los recursos**

80 **Destrezas de estudio**
Desarrollar el vocabulario

82 **Biografía**
George Washington Carver

84 **Lección 5 ¿Qué es el tiempo?**

88 **Puntos de vista**

90 **Diviértete con los Estudios Sociales**

92 Unidad 2 Repaso

96 Unidad 2 Actividades

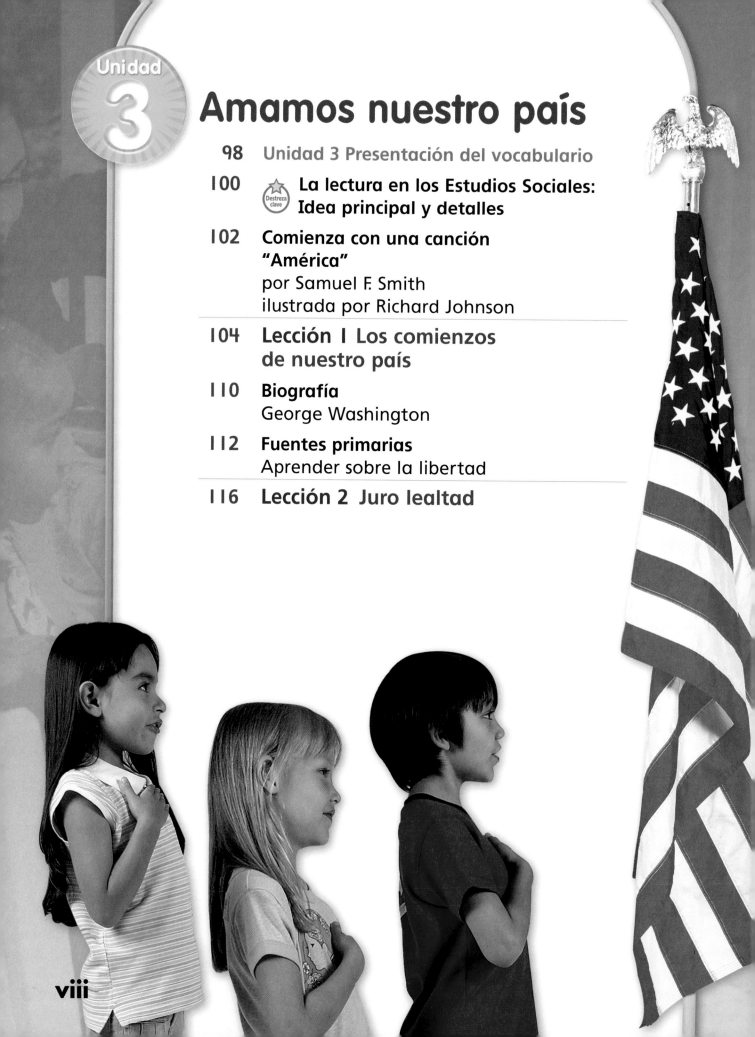

Unidad 3

Amamos nuestro país

98 Unidad 3 Presentación del vocabulario

100 La lectura en los Estudios Sociales:
Idea principal y detalles

102 Comienza con una canción
"América"
por Samuel F. Smith
ilustrada por Richard Johnson

104 **Lección 1 Los comienzos
de nuestro país**

110 **Biografía**
George Washington

112 **Fuentes primarias**
Aprender sobre la libertad

116 **Lección 2 Juro lealtad**

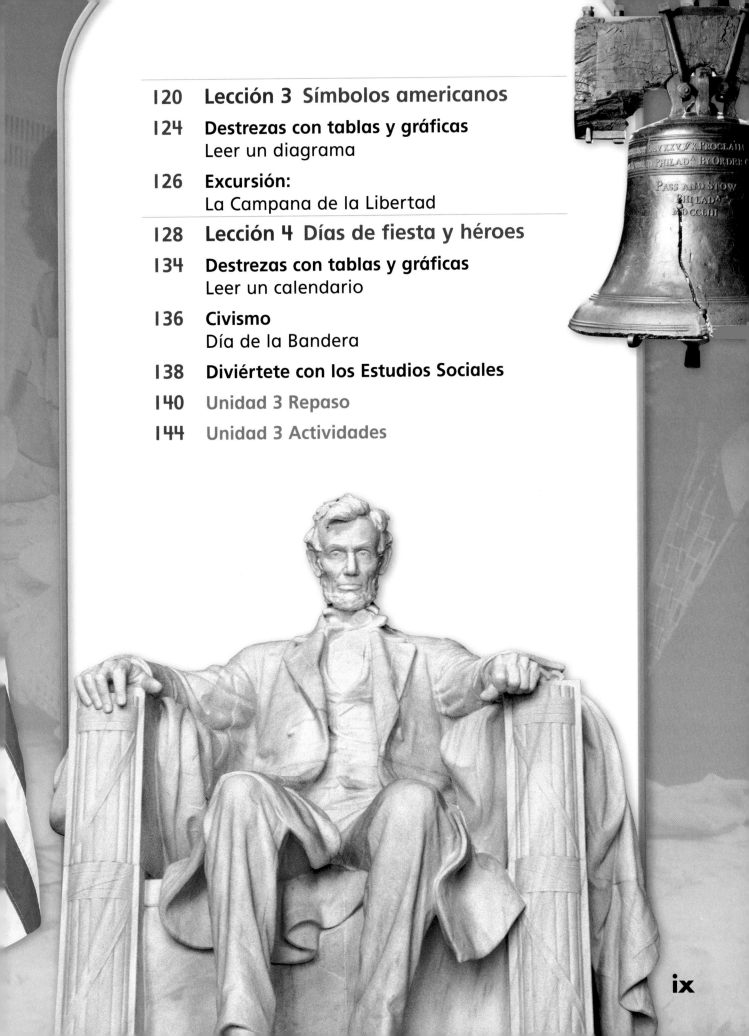

120	**Lección 3 Símbolos americanos**
124	**Destrezas con tablas y gráficas** Leer un diagrama
126	**Excursión:** La Campana de la Libertad
128	**Lección 4 Días de fiesta y héroes**
134	**Destrezas con tablas y gráficas** Leer un calendario
136	**Civismo** Día de la Bandera
138	**Diviértete con los Estudios Sociales**
140	Unidad 3 Repaso
144	Unidad 3 Actividades

Nuestro mundo cambia

146   Unidad 4 Presentación del vocabulario

148   **La lectura en los Estudios Sociales:** **Secuencia**

150   **Comienza con un cuento**
Los sombreros de la tía Flossie
por Elizabeth Fitzgerald Howard
dibujos por James Ransome

158   **Lección 1 Las personas del pasado**

164   **Destrezas de estudio**
Usar recursos visuales

166   **Fuentes primarias**
Herramientas caseras

170   **Lección 2 Las escuelas de hace tiempo**

176   **Destrezas con tablas y gráficas**
Ordenar cosas en grupos

178 **Lección 3 Las comunidades del pasado**

182 **Destrezas con tablas y gráficas**
Usar una línea cronológica

184 **Lección 4 Cambios en el transporte**

190 **Destrezas de razonamiento crítico**
Diferenciar hecho de ficción

192 **Biografía**
Neil Armstrong

194 **Diviértete con los Estudios Sociales**

196 Unidad 4 Repaso

200 Unidad 4 Actividades

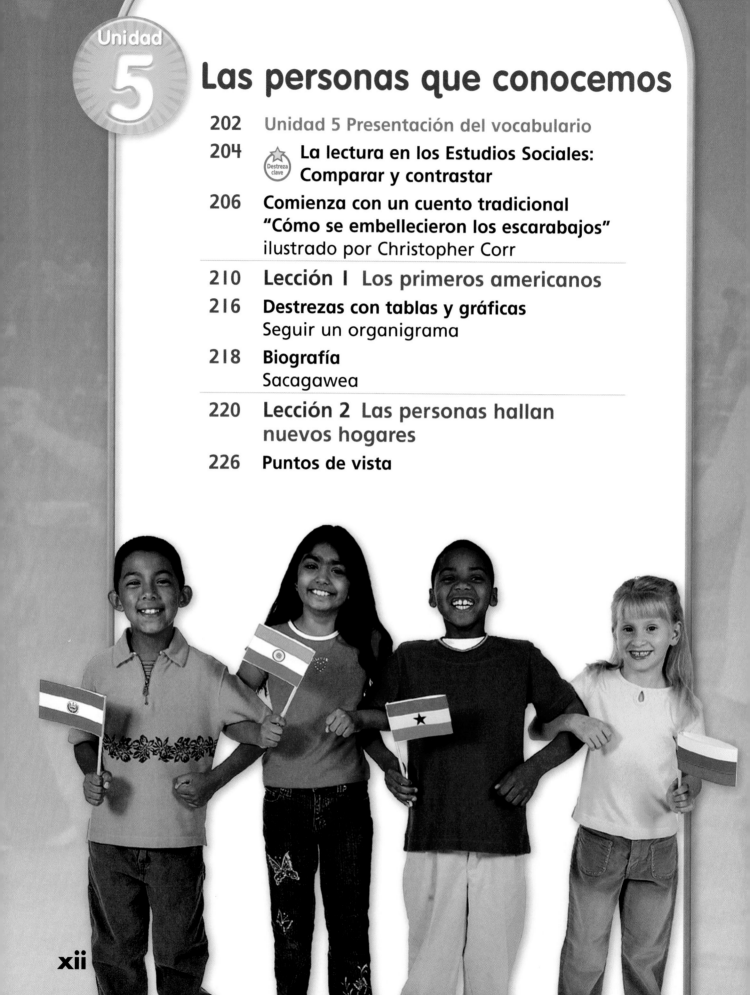

Unidad 5

Las personas que conocemos

202 Unidad 5 Presentación del vocabulario

204 **La lectura en los Estudios Sociales: Comparar y contrastar**

206 **Comienza con un cuento tradicional "Cómo se embellecieron los escarabajos"** ilustrado por Christopher Corr

210 **Lección 1 Los primeros americanos**

216 **Destrezas con tablas y gráficas** Seguir un organigrama

218 **Biografía** Sacagawea

220 **Lección 2 Las personas hallan nuevos hogares**

226 **Puntos de vista**

228 Lección 3 Expresar la cultura

232 Lección 4 Compartir celebraciones

236 Destrezas con mapas y globos terráqueos
Seguir una ruta

238 Lección 5 Las familias del mundo

242 Diviértete con los Estudios Sociales

244 Unidad 5 Repaso

248 Unidad 5 Actividades

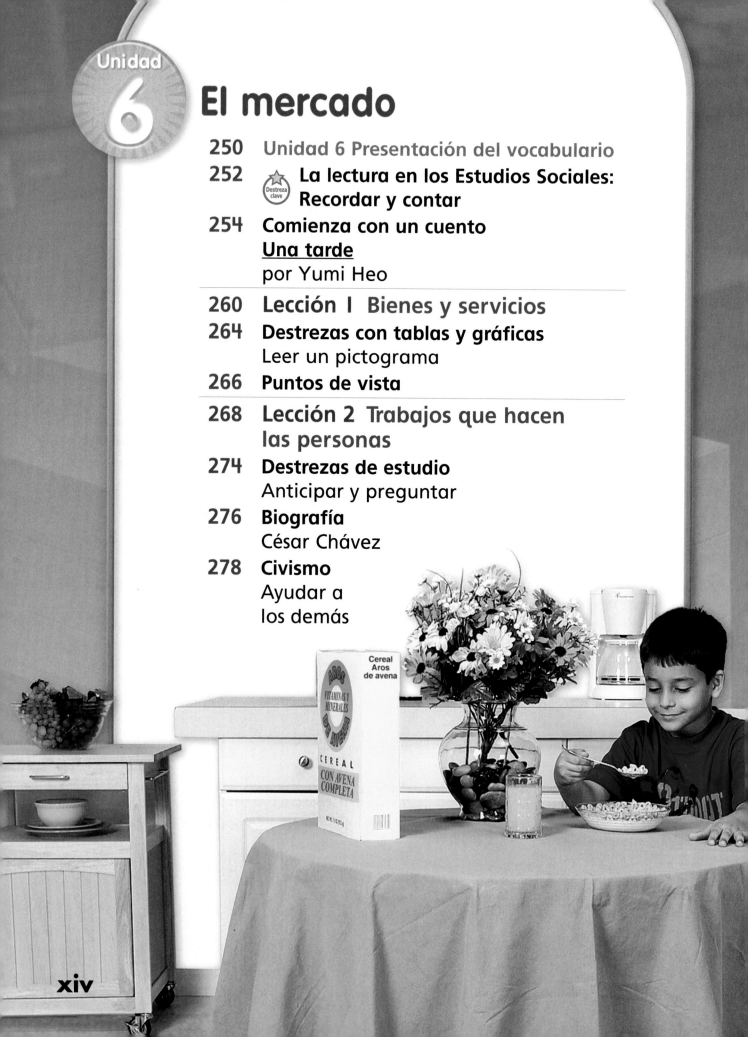

Unidad 6

El mercado

250 Unidad 6 Presentación del vocabulario

252 La lectura en los Estudios Sociales:
Recordar y contar

254 **Comienza con un cuento**
Una tarde
por Yumi Heo

260 **Lección 1** Bienes y servicios

264 **Destrezas con tablas y gráficas**
Leer un pictograma

266 **Puntos de vista**

268 **Lección 2** Trabajos que hacen
las personas

274 **Destrezas de estudio**
Anticipar y preguntar

276 **Biografía**
César Chávez

278 **Civismo**
Ayudar a
los demás

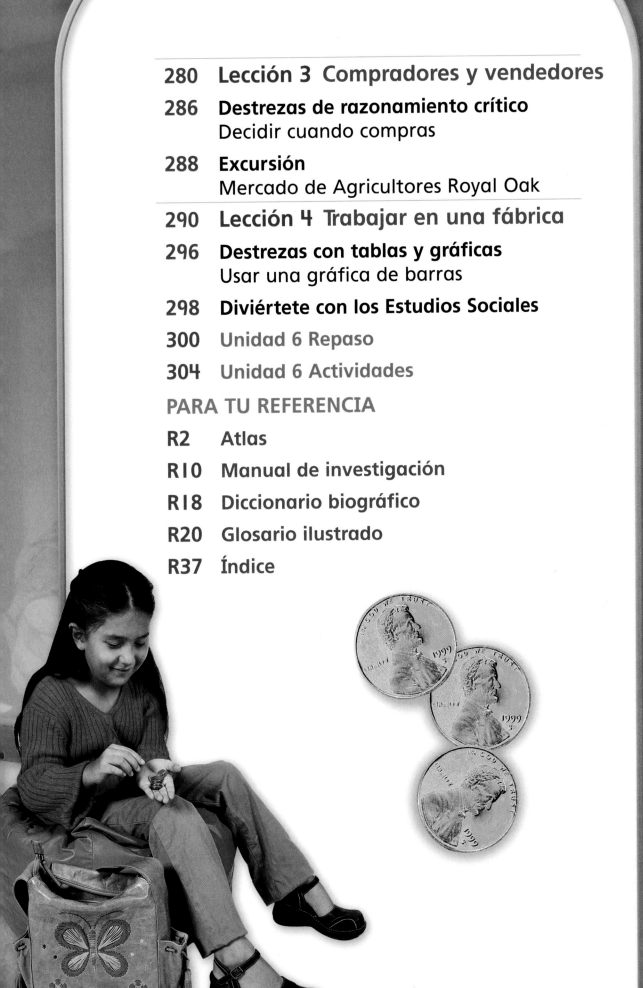

280 **Lección 3** Compradores y vendedores

286 **Destrezas de razonamiento crítico**
Decidir cuando compras

288 **Excursión**
Mercado de Agricultores Royal Oak

290 **Lección 4** Trabajar en una fábrica

296 **Destrezas con tablas y gráficas**
Usar una gráfica de barras

298 **Diviértete con los Estudios Sociales**

300 Unidad 6 Repaso

304 Unidad 6 Actividades

PARA TU REFERENCIA

R2 Atlas

R10 Manual de investigación

R18 Diccionario biográfico

R20 Glosario ilustrado

R37 Índice

Secciones útiles

Destrezas

Destrezas con tablas y gráficas

124 Leer un diagrama

134 Leer un calendario

176 Ordenar cosas en grupos

182 Usar una línea cronológica

216 Seguir un organigrama

264 Leer un pictograma

296 Usar una gráfica de barras

Destrezas de participación

26 Decidir con el voto

38 Trabajar y jugar juntos

Destrezas de razonamiento crítico

14 Resolver un problema

190 Diferenciar hecho de ficción

286 Decidir cuando compras

Destrezas con mapas y globos terráqueos

20 Leer un mapa

60 Usar un globo terráqueo

72 Hallar direcciones en un mapa

236 Seguir una ruta

La lectura en los Estudios Sociales

4 Causa y efecto

52 Categorizar y clasificar

100 Idea principal y detalles

148 Secuencia

204 Comparar y contrastar

252 Recordar y contar

Destrezas de estudio

80 Desarrollar el vocabulario

164 Usar recursos visuales

274 Anticipar y preguntar

Civismo

32 Los policías y tú

136 Día de la Bandera

278 Ayudar a los demás

Puntos de vista

88 El lugar donde vives

226 Culturas en tu comunidad

266 Bienes y servicios importantes

Literatura y música

6 "La regla de la amistad"
por M. Lucille Ford
ilustrado por Stacy Peterson

54 "Hacer mapas"
por Elaine V. Emans
ilustrado por Rob Dunlavey

102 "América"
por Samuel F. Smith
ilustrada por Richard Johnson

150 Los sombreros de la tía Flossie
por Elizabeth Fitzgerald Howard
dibujos por James Ransome

206 "Cómo se embellecieron
los escarabajos"
ilustrado por Christopher Corr

254 Una tarde
por Yumi Heo

Fuentes primarias

112 Aprender sobre la libertad

166 Herramientas caseras

xvi

Documentos

112 Página del diario de John Adams

114 La Declaración de Independencia

115 La Constitución de Estados Unidos

Biografía

40 Rosa Parks

82 George Washington Carver

110 George Washington

192 Neil Armstrong

218 Sacawagea

276 César Chávez

Los niños en la historia

70 Laura Ingalls Wilder

174 George S. Parker

271 Addie Laird

Excursión

66 Parque Nacional Great Smoky Mountains

126 La Campana de la Libertad

288 Mercado de Agricultores Royal Oak

Diviértete con los Estudios Sociales

42 Paseo por pueblo alegre

90 La vida en la granja

138 Están escondidos

194 Busca los cambios

242 Cómo coyote se enflaqueció

298 Ya eres comerciante

Tablas, gráficas y diagramas

5 Causa y efecto

26 Boleta electoral

27 Tabla de votos

47 Votos por una mascota para la clase

53 Categorizar y clasificar

80 Red de palabras

101 Idea principal y detalles

125 La Estatua de la Libertad

135 Calendario de febrero

142 Calendario de enero

143 El Capitolio de Estados Unidos

148 Secuencia

177 Herramientas escolares

198 Transporte

205 Comparar y contrastar

217 Cómo hacían sopa de bellotas los chumash

246 Cómo hacer una linterna china

253 Recordar y contar

265 Cestas de manzanas vendidas

275 Tabla de S-QS-A

283 Cómo se mueve el dinero

297 Cajas de crayolas vendidas

302 Juguetería del Sr. Wilson

303 Servicios de reparación de carros del Sr. Llanta

Mapas

21 Appleton

24 Kentucky

46 Dónde vivo

56 Mapa de la comunidad

57 Ciudades en Indiana

58 Estados Unidos

59 Oklahoma

61 Hemisferio occidental

61 Hemisferio oriental

73 Greenville

95 Parque zoológico

106 Las 13 colonias

113 Las trece colonias, en 1775

214 Artesanía de indios americanos

237 Ruta del desfile

247 Ruta del autobús

I11 Dirección de la casa

R2 El mundo: Continentes

R4 El mundo: Tierra y agua

R6 Estados Unidos: Estados y capitales

R8 Estados Unidos: Tierra y agua

Líneas cronológicas

41 Línea cronológica de Rosa Parks

83 Línea cronológica de George Washington Carver

111 Línea cronológica de George Washington

182 Línea cronológica de Marc

193 Línea cronológica de Neil Armstrong

199 Línea cronológica de Mary

219 Línea cronológica de Sacagawea

277 Línea cronológica de César Chávez

Una historia bien contada

"¡América! ¡América!
Dios puso su gracia en ti
y coronó su pueblo con fraternidad
¡de uno a otro mar!"

"América la hermosa" por Katharine Lee Bates

¿Te has preguntado alguna vez sobre tu mundo? Este año vas a aprender sobre la manera como ha crecido nuestro país con el **tiempo**. Vas a leer sobre las **personas** de tu mundo y cómo se llevan entre sí. También vas a comparar la manera como viven las personas en diferentes **lugares**.

Con los ojos de un niño

Una historia consta de los tiempos, las personas y los lugares

Puedes aprender más sobre ti observando a las personas que vivieron antes que tú.

Los americanos comparten muchas ideas.

Tu visión del mundo depende del lugar donde vives.

Cómo usar este libro

PARA COMENZAR

Título de la unidad

Número de la unidad

La gran idea te dice lo que vas a saber al final de la unidad.

Recuerda estas preguntas mientras lees la unidad.

PRESENTACIÓN DEL VOCABULARIO

La fotografía te ayuda a comprender el significado de la palabra.

La definición te dice el significado de la palabra. El número de página te dice dónde puedes hallar la palabra en esta unidad.

Hay más información y actividades relacionadas con esta unidad en el sitio web.

Cada palabra nueva está resaltada en amarillo.

LA LECTURA EN LOS ESTUDIOS SOCIALES

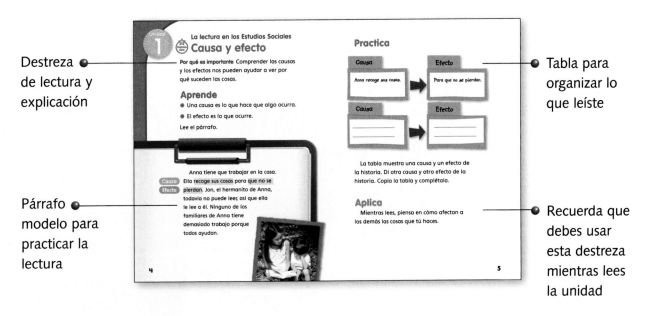

Destreza de lectura y explicación

Párrafo modelo para practicar la lectura

Tabla para organizar lo que leíste

Recuerda que debes usar esta destreza mientras lees la unidad

COMIENZA CON LA LITERATURA

Cada unidad comienza con un cuento, una obra teatral, un poema, una canción, un artículo o un cuento tradicional.

Preguntas para practicar la destreza de lectura de la unidad y hablar sobre experiencias personales.

I5

CÓMO LEER UNA LECCIÓN

Número de la lección

Pregunta de enfoque

Palabras para aprender

Recuerda que debes usar tu destreza de lectura

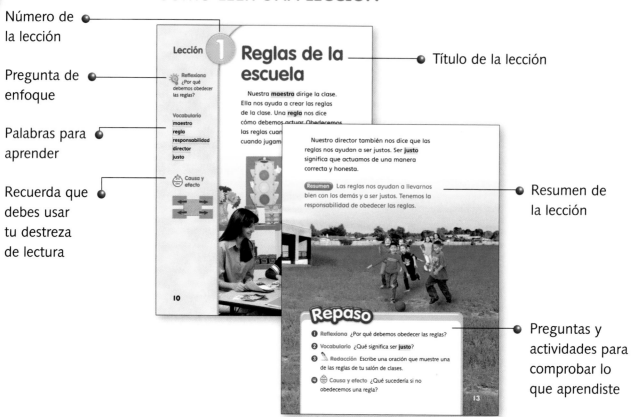

Título de la lección

Resumen de la lección

Preguntas y actividades para comprobar lo que aprendiste

PRACTICAR LAS DESTREZAS

Las lecciones de destrezas te ayudan a desarrollar las destrezas con mapas y globos terráqueos, con tablas y gráficas, de razonamiento crítico y de participación.

Categoría de la destreza

Título de la destreza de la lección

Por qué es importante la destreza

Pasos para aprender la destreza

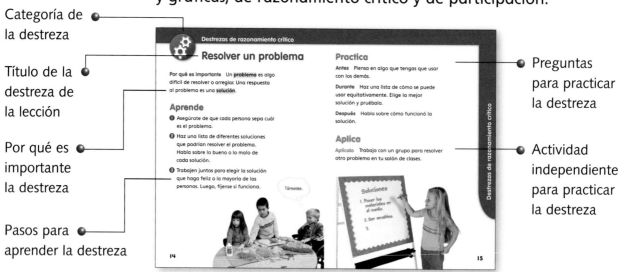

Preguntas para practicar la destreza

Actividad independiente para practicar la destreza

SECCIONES ÚTILES

Nombre de la persona de la biografía

Pregunta sobre la importancia del carácter de la persona

Página web para obtener más información y otras biografías

Fechas importantes en la vida de la persona

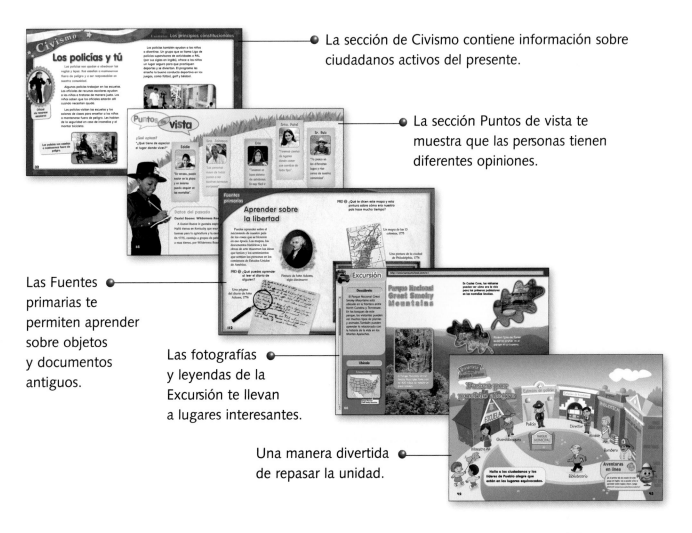

La sección de Civismo contiene información sobre ciudadanos activos del presente.

La sección Puntos de vista te muestra que las personas tienen diferentes opiniones.

Las Fuentes primarias te permiten aprender sobre objetos y documentos antiguos.

Las fotografías y leyendas de la Excursión te llevan a lugares interesantes.

Una manera divertida de repasar la unidad.

Ve a la sección de Referencia en la parte posterior de este libro para ver otras secciones útiles.

Los cinco temas de la Geografía

Nuestra historia es también la historia de los lugares donde vivimos. Cuando los científicos hablan de la Tierra, piensan en cinco temas o ideas principales.

TEMAS DE

Ubicación

Todo en la Tierra tiene su lugar.

Lugar

Toda ubicación tiene características que la distinguen de otras ubicaciones.

Interacciones entre los seres humanos y el ambiente

Podemos cambiar nuestros alrededores.

Movimiento

Todos los días, las personas de todas partes del mundo intercambian bienes e ideas.

Regiones

Las áreas de la Tierra con características similares que las distinguen de otras áreas.

GEOGRAFÍA

¿Dónde vives?

Las familias tienen direcciones. Una **dirección** te indica dónde viven las personas. Tiene un número y el nombre de una calle. Lee la dirección de Sam.

nombre

Sam Owens

número de la casa ——— 145 Park Way ——— **calle**

Cherry Hill, NJ 08002

ciudad

estado

código postal

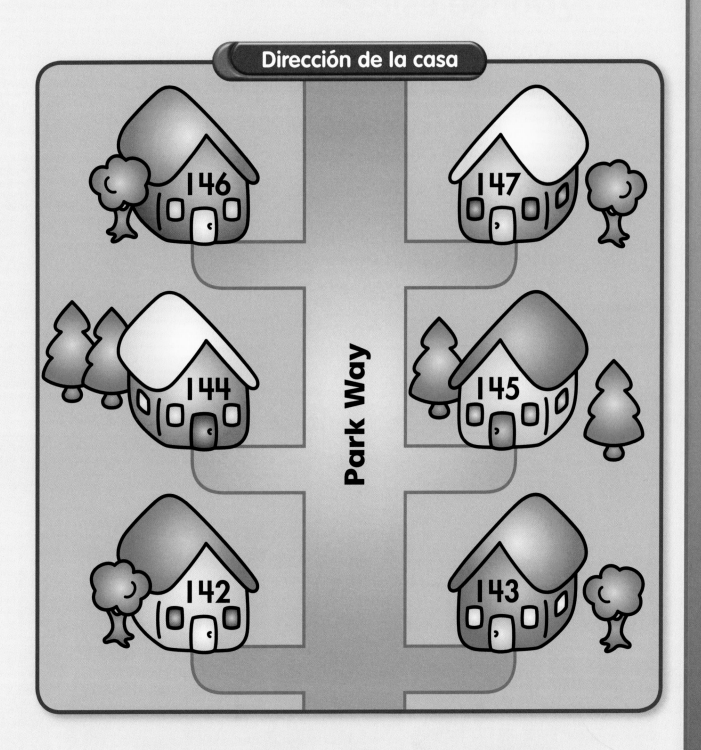

Dirección de la casa

Park Way

146   147

144   145

142   143

Observa el mapa. Halla la casa de Sam.
¿Cuál es el número de la casa del
vecino del frente?

¿Dónde estás?

Observa el dibujo de una escuela con una vista desde arriba. Muestra dónde están los salones en esta escuela. Describe dónde está ubicado cada salón. Usa palabras como **izquierda, derecha, al lado de, junto a** y **al frente de**.

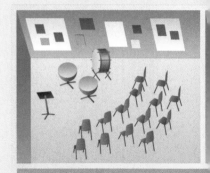

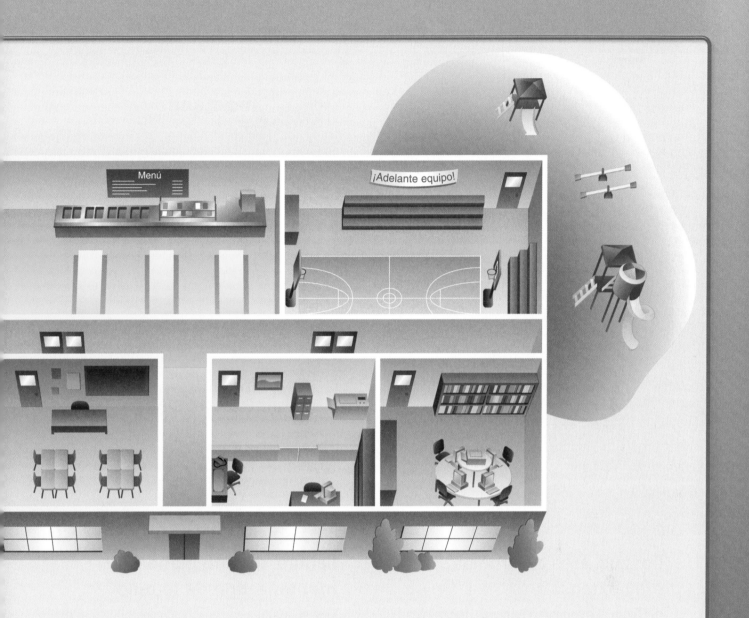

Menú

¡Adelante equipo!

❶ ¿En qué se parece esta escuela a la tuya?

❷ Imagina que estás ayudando a un niño que es nuevo en tu escuela. Describe la manera de llegar a los salones que él necesita hallar.

bosque área de árboles
muy extensa

colina terreno que se levanta
sobre la tierra que lo rodea

desierto área de tierra extensa
y árida

golfo masa grande de agua
salada parcialmente rodeada
de tierra

isla accidente geográfico
rodeado de agua totalmente

lago masa de agua rodeada
de tierra por todas partes

llanura terreno plano

montaña tipo de terreno
más alto

océano masa de agua salada
que cubre un área grande

península accidente geográfico
rodeado de agua por tres lados

río gran corriente de agua que
fluye por la tierra

valle terreno bajo entre colinas
o montañas

Las reglas y las leyes

La gran idea

El civismo

Las reglas y las leyes guían a las personas a vivir fuera de peligro y ser buenos ciudadanos.

Reflexiona

✓ ¿Por qué debemos obedecer las reglas?

✓ ¿Cómo ayudan las leyes a las comunidades?

✓ ¿Cómo ayudan los líderes de la comunidad a las personas?

✓ ¿Cómo nos ayudan los servicios del gobierno?

✓ ¿Cómo puedes demostrar respeto hacia los derechos de los demás?

1

Las reglas
y las leyes

Habla sobre
el civismo

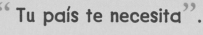

" Tu país te necesita ".

"Todos deben votar".

"Respetar los derechos de las personas".

comunidad   Un grupo de personas que viven y trabajan juntas. También es el lugar donde viven. (página 16)

ciudadano   Una persona que vive en una comunidad y pertenece a ella. (página 16)

regla Una instrucción que nos dice cómo debemos actuar. (página 10)

ley Una regla que deben obedecer las personas de una comunidad. (página 17)

votar Una decisión que se cuenta. (página 26)

APRENDE
en línea
Visita **www.harcourtschool.com/ss1** para hallar más recursos en Internet.

3

La lectura en los Estudios Sociales

Destreza clave

Causa y efecto

Por qué es importante Comprender las causas y los efectos nos pueden ayudar a ver por qué suceden las cosas.

Aprende

● Una causa es lo que hace que algo ocurra.

● El efecto es lo que ocurre.

Lee el párrafo.

Anna tiene que trabajar en la casa.
Causa Ella recoge sus cosas para que no se
Efecto pierdan. Jon, el hermanito de Anna, todavía no puede leer, así que ella le lee a él. Ninguno de los familiares de Anna tiene demasiado trabajo porque todos ayudan.

Practica

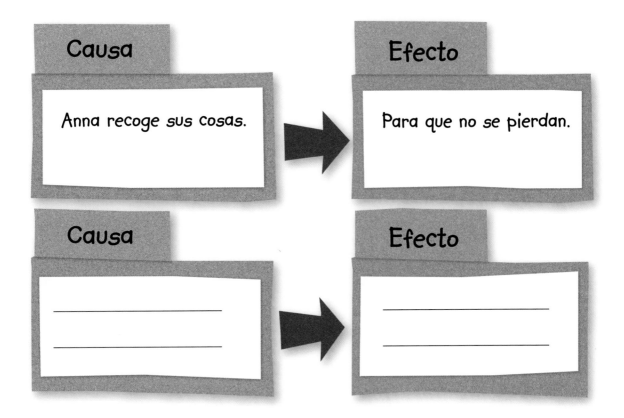

Causa	Efecto
Anna recoge sus cosas.	Para que no se pierdan.

Causa	Efecto

La tabla muestra una causa y un efecto de la historia. Di otra causa y otro efecto de la historia. Copia la tabla y complétala.

Aplica

Mientras lees, piensa en cómo afectan a los demás las cosas que tú haces.

La regla de la amistad

por M. Lucille Ford

ilustrado por Stacy Peterson

Hay una regla que nuestra maestra dice
que debemos recordar,

en la escuela, en la casa o al jugar,
y esa es la regla de la amistad.

Si amigos quieres tener,
tratarlos con amabilidad es tu deber,

igual como te gustaría que ellos te trataran
si juntos jugaran o trabajaran.

Y esa es la verdadera regla de la amistad,
presente en todo lo que decimos y hacemos,
lo es de verdad.

Vale la pena cortésmente actuar
y así la regla de la amistad nunca va a fallar.

Responde

1. **(Destreza clave) Causa y efecto** ¿Qué sucedería si no cumples la regla de la amistad?

2. **Aplícalo** Haz un dibujo de cómo un amigo y tú cumplen la regla de la amistad.

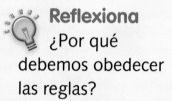
Reflexiona
¿Por qué debemos obedecer las reglas?

Vocabulario

maestro

regla

responsabilidad

director

justo

Causa y efecto

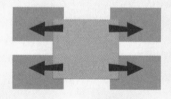

Reglas de la escuela

Nuestra **maestra** dirige la clase. Ella nos ayuda a crear las reglas de la clase. Una **regla** nos dice cómo debemos actuar. Obedecemos las reglas cuando trabajamos y cuando jugamos.

Detente, mira y escucha

STOP School

Las reglas nos ayudan a aprender y llevarnos bien con los demás en la escuela. Las reglas también nos ayudan a mantenernos fuera de peligro. Por eso es que tenemos la responsabilidad de obedecer las reglas. Una **responsabilidad** es algo que debes hacer.

Sé amable.

Sigue las instrucciones.

Espera tu turno.

Trabaja en silencio.

Nuestro **director** dirige la escuela. Él nos dice que hay diferentes reglas para las diferentes partes de la escuela. Caminamos en voz baja por el pasillo. No tenemos que hablar en voz baja cuando jugamos afuera.

Nuestro director también nos dice que las reglas nos ayudan a ser justos. Ser **justo** significa que actuamos de una manera correcta y honesta.

Resumen Las reglas nos ayudan a llevarnos bien con los demás y a ser justos. Tenemos la responsabilidad de obedecer las reglas.

Repaso

1. **Reflexiona** ¿Por qué debemos obedecer las reglas?

2. **Vocabulario** ¿Qué significa ser **justo**?

3. **Redacción** Escribe una oración que muestre una de las reglas de tu salón de clases.

4. **Destreza clave** **Causa y efecto** ¿Qué sucedería si no obedecemos una regla?

Resolver un problema

Por qué es importante Un **problema** es algo difícil de resolver o arreglar. Una respuesta al problema es una **solución**.

Aprende

1 Asegúrate de que cada persona sepa cuál es el problema.

2 Haz una lista de diferentes soluciones que podrían resolver el problema. Habla sobre lo bueno o lo malo de cada solución.

3 Trabajen juntos para elegir la solución que haga feliz a la mayoría de las personas. Luego, fíjense si funciona.

Túrnense.

Practica

Antes   Piensa en algo que tengas que usar con los demás.

Durante   Haz una lista de cómo se puede usar equitativamente. Elige la mejor solución y pruébala.

Después   Habla sobre cómo funcionó la solución.

Aplica

Aplícalo   Trabaja con un grupo para resolver otro problema en tu salón de clases.

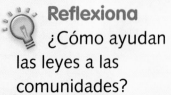

Reglas de la comunidad

Reflexiona
¿Cómo ayudan las leyes a las comunidades?

Vocabulario
comunidad
ciudadano
ley

Causa y efecto

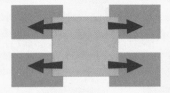

Esta es mi comunidad. Una **comunidad** es un lugar donde las personas viven y trabajan juntas. Un **ciudadano** es una persona que vive en una comunidad y pertenece a ella.

Las comunidades tienen reglas llamadas leyes. Una **ley** es una regla que deben obedecer las personas de una comunidad. Las comunidades pueden tener muchos tipos de leyes.

Jonesborough, Tennessee

Las leyes son importantes para los ciudadanos de una comunidad. Estas les dicen a las personas cómo convivir y mantenerse fuera de peligro. También ayudan a mantener limpias las comunidades.

A veces, las personas no obedecen las leyes. Desobedecer las leyes causa problemas. Las personas que cruzan la calle por donde no deben, podrían resultar heridas.

Resumen Las leyes nos ayudan a convivir y mantenernos fuera de peligro.

Repaso

1. **Reflexiona** ¿Cómo ayudan las leyes a las comunidades?

2. **Vocabulario** ¿Qué es un **ciudadano**?

3. **Actividad** Haz un dibujo que muestre cómo tú y tu familia obedecen una ley de tu comunidad.

4. **Causa y efecto** ¿Qué puede suceder si no obedeces una ley?

Leer un mapa

Por qué es importante   Un **mapa** es un dibujo que muestra dónde están los lugares. Puedes usar símbolos para leer un mapa. Un **símbolo** es un dibujo u objeto que representa algo.

Aprende

En los mapas se usan símbolos para mostrar lugares. La **clave del mapa** te muestra lo que representa cada símbolo del mapa.

Practica

❶ ¿Qué lugares ves en el mapa?

❷ ¿Qué símbolo indica la estación de bomberos?

❸ ¿Dónde irías a comprar alimentos?

Clave del mapa

Escuela

Estación de bomberos

Mercado

Hospital

Casa

Edificio de apartamentos

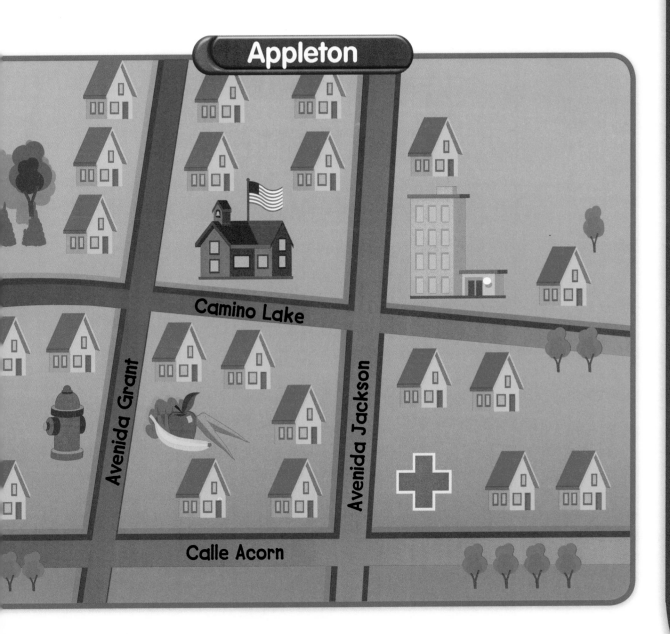

Appleton

Camino Lake

Avenida Grant

Avenida Jackson

Calle Acorn

Aplica

Aplícalo   Haz un mapa de tu escuela. Usa símbolos y la clave del mapa para mostrar los lugares.

APRENDE en línea

Visita **www.harcourtschool.com/ss1** para hallar actividades en Internet.

21

Las personas dirigen el camino

Reflexiona
¿Cómo ayudan los líderes de la comunidad a las personas?

Vocabulario

líder

alcalde

ciudad

gobierno

gobernador

Destreza clave **Causa y efecto**

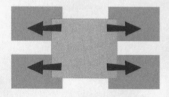

Yim Kwan fue a la inauguración de la nueva escuela de nuestra comunidad. Él es un líder de la comunidad. Un **líder** es una persona que está encargada de un grupo.

Los líderes ayudan a los grupos a hacer y obedecer las reglas. También los ayudan a resolver los problemas.

Yim Kwan es nuestro alcalde. Un **alcalde** es el líder de una ciudad. Una **ciudad** es una comunidad grande.

Alcalde Kwan

El alcalde Kwan ayuda a inaugurar nuestra nueva escuela.

23

Las personas de una comunidad eligen a los líderes que desean para sus gobiernos. Un **gobierno** es un grupo de personas que dirigen una comunidad. El alcalde Kwan dirige el gobierno municipal.

Los estados también tienen sus propios gobiernos. Un **gobernador** dirige el gobierno estatal.

Capitolio

Hay muchos tipos de líderes en nuestra comunidad. Mi mamá es una entrenadora de softball, por lo tanto, es una líder. Los maestros, los líderes de clubes y los pastores también son líderes.

Resumen Los líderes ayudan a las personas a obedecer las reglas y resolver los problemas de la comunidad.

Repaso

① **Reflexiona** ¿Cómo ayudan los líderes de la comunidad a las personas?

② **Vocabulario** ¿Qué hace un **alcalde**?

③ **Actividad** Haz un dibujo que muestre a un líder ayudando a las personas de una comunidad.

④ **Causa y efecto** Piensa en una ocasión en que un líder te ayudó a resolver un problema. ¿Qué hizo?

Decidir con el voto

Por qué es importante Cuando **votas** tomas una decisión que se cuenta. Los americanos votan por muchos líderes del gobierno, como el presidente. El **presidente** es el líder de nuestro país. Los americanos también votan para tomar decisiones sobre las leyes.

Aprende

Puedes usar una boleta electoral para votar. Una **boleta electoral** muestra todas las opciones. Tú marcas la opción en la boleta y gana la opción que reciba el mayor número de votos.

⭐ **Boleta electoral** ⭐

Clase de la Sra. Johnson

Para VOTAR, conecta la punta y la parte posterior de la flecha que apunta hacia tu opción, como se indica:

Vota por UN líder de la clase

Marc ←

Tami ←

Carlos ←

Practica

1 La clase de la Sra. Johnson usó boletas electorales para votar por el líder de la clase. Las opciones eran Marc, Tami y Carlos.

2 Mira la tabla. Cuenta todos los votos para determinar quién será el líder de la clase.

Votos	
Marc	III
Tami	|||||
Carlos	||||| |||||

Aplica

Aplícalo Haz una lista de algunos juegos que le gustaría jugar a tu clase. Haz unas boletas electorales y pídele a cada persona que vote. Cuenta los votos y muéstralos en una tabla. ¿Qué juego obtuvo el mayor número de votos?

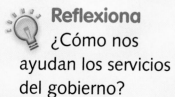
Reflexiona
¿Cómo nos ayudan los servicios del gobierno?

Vocabulario
servicio del gobierno

 **Causa y efecto**

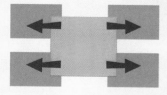

El gobierno nos ayuda

Los **servicios del gobierno** son cosas que hace un gobierno para que la comunidad sea un buen lugar para vivir. Los trabajadores públicos mantienen las comunidades limpias y fuera de peligro.

Los policías nos mantienen fuera de peligro asegurándose de que las personas obedezcan las leyes. Los bomberos ayudan cuando hay un incendio.

Los guardabosques se aseguran de que los parques estén limpios. También ayudan a mantener fuera de peligro a los visitantes del parque. Los trabajadores públicos construyen carreteras y autopistas en la comunidad.

Las escuelas y las bibliotecas también son servicios del gobierno. Los maestros nos ayudan a aprender. Los bibliotecarios nos ayudan a hallar libros que leer.

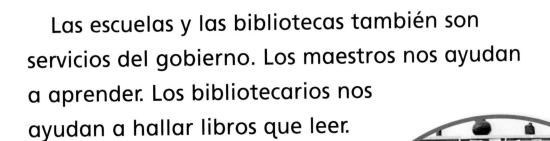

Resumen Los servicios del gobierno ayudan a mantener las comunidades limpias y fuera de peligro.

Repaso

1 **Reflexiona** ¿Cómo nos ayudan los servicios del gobierno?

2 **Vocabulario** Nombra un **servicio del gobierno** de tu comunidad.

3 **Actividad** Haz un dibujo de un trabajador público haciendo su trabajo.

4 Destreza clave **Causa y efecto** ¿Qué sucedería si no existieran los oficiales de policía o los bomberos?

Los policías y tú

Los policías nos ayudan a obedecer las reglas y leyes. Nos enseñan a mantenernos fuera de peligro y a ser responsables en nuestra comunidad.

Algunos policías trabajan en las escuelas. Los oficiales de recursos escolares ayudan a los niños a tratarse de manera justa. Los niños saben que los oficiales estarán allí cuando necesiten ayuda.

Los policías visitan las escuelas y los salones de clases para enseñar a los niños a mantenerse fuera de peligro. Les hablan de la seguridad en caso de incendios y al montar bicicleta.

Oficial de recursos escolares

Los policías nos enseñan a mantenernos fuera de peligro.

Los policías también ayudan a los niños a divertirse. Un grupo que se llama Liga de policías supervisores de actividades o PAL (por sus siglas en inglés), ofrece a los niños un lugar seguro para que practiquen deportes y se diviertan. El programa les enseña la buena conducta deportiva en los juegos, como fútbol, golf y béisbol.

Los policías también nos ayudan a divertirnos.

Aplícalo ¿Cómo ayudan los policías a las personas de tu comunidad?

Nuestros derechos

Reflexiona
¿Cómo puedes demostrar respeto hacia los derechos de los demás?

Vocabulario
respeto
derecho

 Destreza clave
Causa y efecto

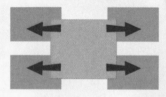

Mostrar **respeto** es tratar bien a alguien o algo. Cuando escucho a mi maestro y obedezco las reglas le demuestro respeto.

También podemos demostrar respeto a los demás siendo responsables de nuestros actos. Una manera de ser responsables es ayudar a los demás.

Datos breves

Un hombre sabio de China llamado Confucio, enseñó la regla de oro hace más de 2,500 años. La regla de oro dice que te respetes a ti mismo y los demás te respetarán a ti.

Los americanos tienen derechos. Un **derecho** es algo que tenemos la libertad de hacer. Tenemos la libertad de hablar sobre nuestras ideas. Podemos pertenecer a grupos. Tenemos libertad de culto.

Libertad de culto

Libertad de expresión

Cuando las personas tienen derechos también tienen responsabilidades. Una responsabilidad es obedecer las reglas. Al obedecer las reglas y las leyes mostramos respeto hacia los derechos de las personas.

Resumen Podemos demostrar respeto a los demás cuando somos responsables.

Repaso

① **Reflexiona** ¿Cómo puedes demostrar respeto hacia los derechos de los demás?

② **Vocabulario** Di un **derecho** que tienes.

③ **Actividad** Representa algunas maneras en que las personas pueden demostrar respeto hacia los demás.

④ **Causa y efecto** ¿Qué sucedería si no respetaras los derechos de los demás?

Trabajar y jugar juntos

Por qué es importante Es importante respetar a los demás cuando hacemos cosas juntos.

Aprende

1 **Compartir** es usar algo con los demás.

2 Mostramos **buena conducta deportiva** cuando jugamos con equidad.

3 Debemos respetar, compartir y jugar con equidad. Escuchamos las ideas de cada persona cuando no estamos de acuerdo. Luego, trabajamos juntos para hallar una solución.

Practica

Antes Piensa en algo que tu clase pueda hacer en grupo.

Durante Da a todos la oportunidad de compartir ideas.

Después Habla sobre lo bien que trabajaron juntas las personas de tu grupo.

Aplica

Aplícalo Trabaja con un grupo para inventar un juego. Usa lo que aprendiste sobre cómo trabajar y jugar juntos.

Integridad

Respeto

Responsabilidad

Equidad

Bondad

Patriotismo

La importancia del carácter

 ¿Cómo luchó Rosa Parks por el respeto de los afroamericanos?

Rosa Parks

Rosa Parks se crió en Alabama. Muchos estados tenían diferentes reglas para los afroamericanos y las personas blancas en esa época. Parks trabajó para ayudar a ganar el respeto y los derechos de los afroamericanos.

En 1955, Rosa Parks iba del trabajo a su casa en un autobús. El chofer del autobús le pidió que le cediera su asiento a un hombre blanco. Parks pensó que esto era injusto. La arrestaron por no ceder el asiento.

Rosa Parks creía en la igualdad de derechos para todos.

Rosa Parks rehusó ceder su asiento en el autobús.

Los afroamericanos de Montgomery, Alabama, no se montaron en los autobuses municipales durante 382 días. En 1964, el gobierno de Estados Unidos creó una ley que les daba a los afroamericanos los mismos derechos que la gente blanca. Rosa Parks siguió trabajando por los derechos de los afroamericanos. En 1999, el presidente Clinton le otorgó la medalla de oro del Congreso.

APRENDE en línea

Visita **www.harcourtschool.com/ss1** para hallar recursos en Internet.

Tiempos

1913			2005
Nace			Muere

1955 No cedió su asiento en el autobús

1999 Obtiene la medalla de oro del Congreso

Paseo por pueblo alegre

Estación de policía

ESCUELA

Policía

Guardabosques

PARQUE MUNICIPAL

Maestra

Halla a los ciudadanos y los líderes de Pueblo alegre que están en los lugares equivocados.

42

Estación de bomberos

BIBLIOTECA

CONCEJO MUNICIPAL

ALCALDE

Director

Alcalde

Bombero

Bibliotecario

Aventuras en línea

APRENDE en línea

¡Es el primer día de clases! En este juego en inglés, vas a ayudar a Eco a aprender sobre reglas y leyes. Juega ahora en **www.harcourtschool.com/ss1**

HARCOURT

ECO

43

Repaso y preparación para la prueba

 La gran idea

El civismo Las reglas y las leyes guían a las personas a vivir fuera de peligro y ser buenos ciudadanos.

Destreza clave Causa y efecto

Copia y completa la tabla para mostrar lo que aprendiste sobre las reglas y la responsabilidad.

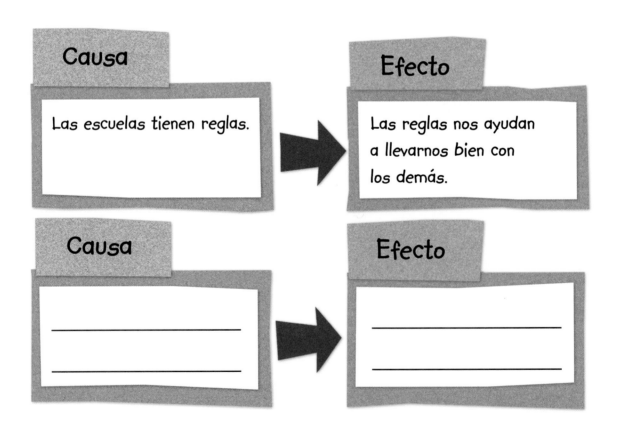

Causa		Efecto
Las escuelas tienen reglas.	→	Las reglas nos ayudan a llevarnos bien con los demás.
Causa		Efecto
_____ _____	→	_____ _____

✔ Vocabulario

Escribe la palabra que corresponde con cada significado.

Banco de palabras

regla
(pág. 10)

comunidad
(pág. 16)

ciudadano
(pág. 16)

ley
(pág. 17)

votar
(pág. 26)

1 una persona que vive en una comunidad y pertenece a ella

2 una regla que deben obedecer las personas de una comunidad

3 una decisión que se cuenta

4 una instrucción que nos dice cómo debemos actuar

5 un lugar donde viven y trabajan juntas las personas

✔ Datos e ideas principales

6 ¿Por qué debemos obedecer las reglas?

7 ¿Quién elige a los líderes de una comunidad?

8 ¿Quién dirige el gobierno municipal?

9 ¿Cuál de estos es un servicio del gobierno?

    A el supermercado   **C** la escuela

    B el centro comercial   **D** la playa

10 ¿Qué libertad NO tienen los americanos?

    A expresión   **C** pertenecer a grupos

    B desobedecer las leyes   **D** culto

Razonamiento crítico

11. ¿Qué sucedería si no hubiera leyes en tu comunidad?

12. **Aplícalo** ¿Qué regla nueva harías para tu salón de clases? ¿Por qué es una buena regla?

Destrezas

Dónde vivo

Clave del mapa

Mercado

Escuela

Parque

Biblioteca

Mi casa

13. ¿Cuántos lugares se muestran en el mapa?

14. ¿Qué símbolo muestra la escuela?

15. ¿Dónde irías a pedir prestado un libro?

16. ¿Qué está entre mi casa y la biblioteca?

Votos por una mascota para la clase	
pez	|||
hámster	~~||||~~	||
pájaro	~~||||~~	

17 ¿Qué hicieron los niños de esta clase para elegir una mascota?

18 ¿Qué mascota eligió la clase?

19 ¿Cuántos niños votaron por el pájaro?

20 ¿Qué mascota obtuvo la menor cantidad de votos?

Actividades

Muestra lo que sabes

 Actividad de redacción

Piensa en las reglas de la escuela Llega un niño nuevo a tu clase. ¿Cómo lo ayudarías a aprender las reglas?

Escribe una lista Escribe una lista de reglas de la escuela. Haz dibujos de tus compañeros de clases obedeciendo cada una.

 Proyecto de la unidad

Campaña electoral Planifica una campaña electoral.

- Elige a dos personas que se postulen como monitores de seguridad de la clase.
- Haz carteles y letreros.
- Habla sobre las reglas de seguridad en la campaña.

Lecturas adicionales

The Child's World of Responsibility por Nancy Pemberton

Know and Follow Rules por Cheri J. Meiners

Voting por Sarah De Capua

 APRENDE en línea Visita **www.harcourtschool.com/ss1** para hallar más recursos en Internet.

Donde las personas viven

La gran idea

Los lugares

Las personas viven en lugares diferentes. El lugar donde vivimos determina nuestro estilo de vida.

Reflexiona

✓ ¿Cómo te puede ayudar un mapa a ubicar lugares?

✓ ¿Qué tipos de terreno y agua tiene Estados Unidos?

✓ ¿Cómo el lugar donde viven las personas afecta su vivienda y su transporte?

✓ ¿Cómo las personas usan y conservan los recursos?

✓ ¿Cómo afecta el tiempo a las personas?

Donde las personas viven

Habla sobre
los lugares

"Estados Unidos es un gran país con muchos tipos de lugares y personas".

"Hay ciudades grandes en la costa del océano Atlántico".

"En nuestro país se cultivan muchas cosas".

49

vocabulario

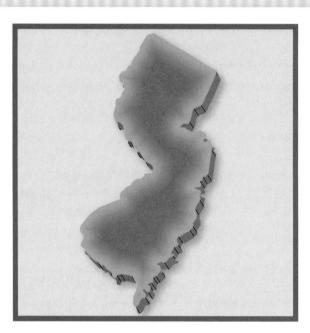

estado Una parte de un país. (página 57)

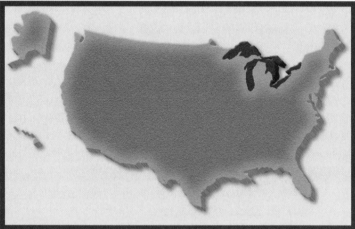

país Un área de terreno con sus propios habitantes y leyes.
(página 58)

globo terráqueo Un modelo de la Tierra.
(página 60)

continente Una gran área de tierra. (página 60)

recurso Cualquier cosa que pueden usar las personas. (página 74)

APRENDE **en línea** Visita **www.harcourtschool.com/ss1** para hallar más recursos en Internet.

La lectura en los Estudios Sociales

Destreza clave

Categorizar y clasificar

Por qué es importante Categorizar y clasificar te ayuda a poner la información en grupos.

Aprende

● Para categorizar, pon las cosas en grupos para mostrar en qué se parecen.

● Para clasificar, decide si algo corresponde con el grupo.

Lee los párrafos.

Categorizar
Clasificar

En Estados Unidos hay muchos lugares que visitar. Las personas visitan ciudades, como New York City y Nashville. Visitan parques de diversión, como SeaWorld, Disneyland y Six Flags.

Otras visitan parques, como el Grand Canyon o el Hot Springs. Otras visitan lugares históricos, como Fort McHenry o Boston Light.

Practica

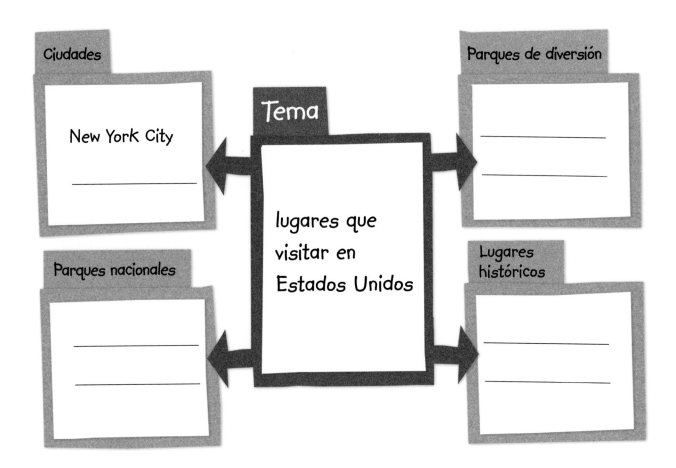

Ciudades

New York City

_____

Tema

lugares que visitar en Estados Unidos

Parques de diversión

_____

_____

Parques nacionales

_____

_____

Lugares históricos

_____

_____

Copia esta tabla. Pon cada lugar, del que acabas de leer, en un grupo.

Aplica

Mientras lees, busca maneras de categorizar y clasificar otros lugares en Estados Unidos.

Hacer mapas

por Elaine V. Emans

ilustrado por Rob Dunlavey

¡Cómo me gusta hacer mapas!
Pienso que muy divertido es
las fronteras pintar
y, uno por uno, a la vez
los trenes y vías colocar.
Cada curva de río también va
así como ciudades y pueblitos
donde terminan los caminitos.

Montañas yo dibujo, y un
lago también he dibujado,
y hasta he pintado
largos puentes sin fin.
Me gusta pintar carreteras,
y cuando las he terminado
sueño que me van a llevar
a lugares que nunca
he visitado.

Responde

1. **Destreza clave** **Categorizar y clasificar** ¿Qué tipo de cosas puedes hallar en un mapa?

2. **Aplícalo** Dibuja un mapa de un lugar que tú inventes.

55

Busca dónde estás

Reflexiona
¿Cómo te puede ayudar un mapa a ubicar lugares?

Vocabulario

ubicación
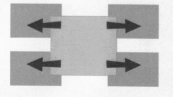
estado
país
frontera

Destreza clave
Categorizar y clasificar

La **ubicación** es el lugar donde está algo. Este mapa muestra la ubicación de diversos lugares en una comunidad.

Destreza con mapas ¿Qué lugares puedes hallar en este mapa?

Los mapas pueden mostrar muchos tipos de lugares. Un mapa muestra las calles de una ciudad. Otro puede mostrar las ciudades de un **estado**. Indiana es un estado. Terre Haute es una ciudad.

Ciudades en Indiana

57

Algunos mapas muestran estados y países. Un **país** es un área de terreno con sus propios habitantes y leyes. Estados Unidos de América es nuestro país. Tiene 50 estados.

Las líneas de un mapa muestran las fronteras. Una **frontera** es donde termina un estado o un país.

Estados Unidos

ALASKA

WASHINGTON

CANADÁ

NEW HAMPSHIRE
VERMONT
MAINE

OREGON

MONTANA

NORTH DAKOTA

MINNESOTA

MICHIGAN

IDAHO

SOUTH DAKOTA

WISCONSIN

NEW YORK

MASSACHUSETTS
RHODE ISLAND

WYOMING

NEBRASKA

IOWA

PENNSYLVANIA

CONNECTICUT
NEW JERSEY

NEVADA

INDIANA OHIO

DELAWARE

UTAH

ILLINOIS

WEST VIRGINIA

MARYLAND
Washington, D.C.

CALIFORNIA

COLORADO

KANSAS

MISSOURI

KENTUCKY

VIRGINIA

NORTH CAROLINA

ARIZONA

NEW MEXICO

OKLAHOMA

ARKANSAS

TENNESSEE

SOUTH CAROLINA

OCÉANO PACÍFICO

GEORGIA

ALABAMA

OCÉANO ATLÁNTICO

TEXAS

MISSISSIPPI

LOUISIANA

FLORIDA

HAWAII

MÉXICO

Golfo de México

Destreza con mapas **Halla tu estado en este mapa.**

58

La mayoría de los mapas usan colores para mostrar el terreno y el agua. El verde o el marrón muestra el terreno. El azul muestra el agua. Los ríos son líneas azules en un mapa. A veces, son las fronteras de los estados.

Oklahoma

Guymon · Enid · Tulsa · Oklahoma City ★ · Muskogee · Elk City · · McAlester · Lawton · Ardmore

Destreza con mapas **Nombra una ciudad cerca de un río.**

Resumen Los mapas muestran las ubicaciones de lugares, como las calles, las ciudades, los estados, los países y los ríos.

Repaso

1. **Reflexiona** ¿Cómo te puede ayudar un mapa a ubicar lugares?

2. **Vocabulario** ¿Qué es un **país**?

3. **Redacción** Mira un mapa. Escribe oraciones que digan dónde vives.

4. **Destreza clave** **Categorizar y clasificar** ¿Qué es marrón o verde en un mapa? ¿Qué es azul?

Usar un globo terráqueo

Por qué es importante   Nosotros vivimos en la **Tierra**. Puedes usar un globo terráqueo para hallar lugares de la Tierra. Un **globo terráqueo** es un modelo de la Tierra.

Aprende

Un mapa es plano; en cambio, un globo terráqueo es redondo. Muestra cómo se ve la Tierra desde el espacio.

Al igual que un mapa, un globo terráqueo muestra las ubicaciones de lugares. Cada área grande de tierra es un **continente**. Cada masa grande de agua es un **océano**.

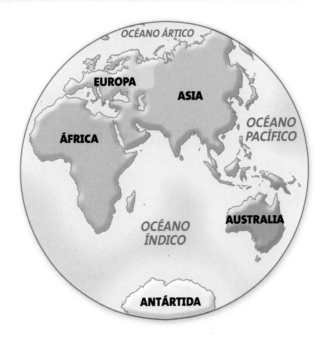

Practica

1. Busca y nombra el continente donde vives.

2. Sigue con tu dedo la frontera de América del Sur.

3. ¿Qué océano está entre Australia y África?

Aplica

Mira un globo terráqueo. Busca y nombra los siete continentes y los cuatro océanos.

APRENDE en línea

Visita **www.harcourtschool.com/ss1** para hallar actividades en Internet.

La tierra y el agua

Reflexiona

¿Qué tipos de terreno y agua tiene Estados Unidos?

Vocabulario

valle

llanura

Destreza clave **Categorizar y clasificar**

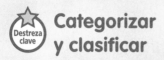
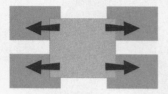

Diferentes partes de Estados Unidos tienen diferentes tipos de terreno. La población puede vivir cerca de montañas, sobre colinas o en los desiertos.

colinas

montaña

La población vive también en valles.
Un **valle** es un terreno bajo entre
montañas. Otras personas viven en
llanuras. **Llanura** es un terreno que
en su mayor parte es plano. En la
mayoría de las llanuras, la tierra
es apta para cultivar alimentos.

valle

desierto

llanura

Estados Unidos tiene muchos tipos de agua. Muchas personas viven cerca del agua. Unas viven cerca de lagos. Los lagos pueden ser pequeños o grandes. Hay otras personas que viven cerca de ríos. El agua en los ríos corre, atravesando la tierra, hasta el océano.

lago

río

El océano Atlántico y el océano Pacífico son fronteras de Estados Unidos. Muchas personas viven cerca de uno de estos océanos.

Resumen Estados Unidos tiene muchas clases de agua y de terreno.

océano

Repaso

1. **Reflexiona** ¿Qué tipos de terreno y agua tiene Estados Unidos?

2. **Vocabulario** ¿Qué es un **valle**?

3. **Actividad** Haz un libro sobre el terreno y el agua de tu estado.

4. **Destreza clave** **Categorizar y clasificar** ¿Qué tipos de terreno y agua hay cerca del lugar donde vives?

Excursión

Parque Nacional Great Smoky Mountains

Descúbrelo

El Parque Nacional Great Smoky Mountains está ubicado en la frontera entre North Carolina y Tennessee. En los bosques de este parque, los visitantes pueden ver muchos tipos de plantas y animales. También pueden aprender lo relacionado con la historia de la vida en los Montes Apalaches.

Ubícalo

Estados Unidos

Parque Nacional
Great Smoky Mountains

El Parque Nacional Great Smoky Mountains tiene más de 800 millas de senderos para caminar.

En Cades Cove, los visitantes pueden ver cómo era la vida para los primeros pobladores en las montañas Smokies.

Muchos tipos de flores silvestres brotan en el parque en primavera.

Unos 600 osos negros viven en el Parque Nacional Great Smoky Mountains.

Un paseo virtual

APRENDE
en línea

Visita **www.harcourtschool.com/ss1** para hallar más recursos en Internet.

Personas y lugares

Reflexiona

¿Cómo el lugar donde viven las personas afecta su vivienda y su transporte?

Vocabulario

vecindario

granja

vivienda

transporte

Categorizar y clasificar

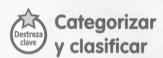

Las personas viven en muchos tipos de comunidades. Una ciudad es una comunidad grande con muchos vecindarios. Un **vecindario** es una pequeña parte de una ciudad.

Cleveland, Ohio

Un pueblo es una comunidad más pequeña que una ciudad. Tiene menos habitantes, tiendas y calles.

Algunas comunidades están muy lejos de los pueblos y las ciudades. Muchas personas de estas comunidades tienen granjas. Una **granja** es un lugar donde se cultivan plantas y se crían animales.

Hermann, Missouri

Granja cerca de Fayetteville, Tennessee

El lugar donde viven las personas influye en el tipo de vivienda que tienen. Una **vivienda** es un hogar. Algunas viven en apartamentos y otras en casas.

Viviendas

Los niños en la historia

Laura Ingalls Wilder

Laura Ingalls Wilder fue una muchachita pionera. Nació en una cabaña de troncos, en Wisconsin. La familia de Laura iba de un lugar a otro en una carreta. Cuando creció, escribió libros basados en su niñez. Estos ayudaron a jóvenes lectores a saber cómo era la vida de los pioneros.

El **transporte** es cualquier manera de llevar a las personas y cosas, de un lugar a otro. El transporte puede ser por tierra, por agua o por aire.

Transporte

Resumen Hay muchos tipos de comunidades. El lugar donde viven las personas influye en su vivienda y en su transporte.

Repaso

1. **Reflexiona** ¿Cómo el lugar donde viven las personas afecta su vivienda y su transporte?

2. **Vocabulario** ¿Qué es una **vivienda**?

3. **Actividad** Haz un dibujo del tipo de comunidad en la que vives.

4. **Categorizar y clasificar** Haz una tabla que muestre los tipos de transporte que van por tierra, por agua y por aire.

Hallar direcciones en un mapa

Por qué es importante Las **direcciones** indican el camino hacia los lugares. Te ayudan a encontrar las ubicaciones.

Aprende

Las cuatro direcciones principales se llaman **puntos cardinales**. Estos son: norte, sur, este y oeste.

Si estás mirando hacia el norte, el oeste está a tu izquierda, el este está a tu derecha y el sur está detrás de ti.

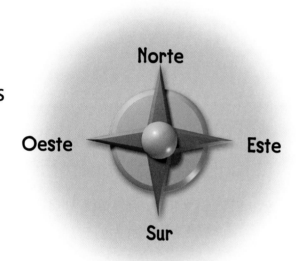

Practica

1. ¿Qué está al este del parque estatal?

2. ¿Qué está al norte de la granja?

3. Halla la ciudad. Ahora mueve el dedo hacia la fábrica. ¿En qué dirección moviste el dedo?

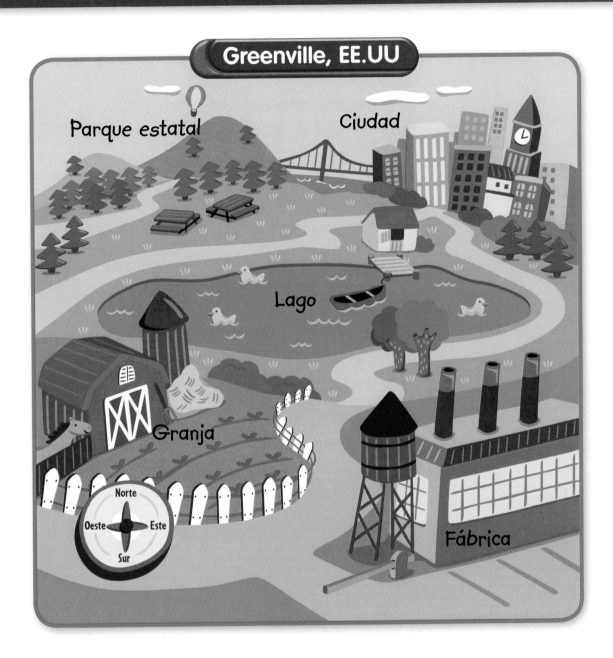

Greenville, EE.UU

Parque estatal

Ciudad

Lago

Granja

Norte

Oeste · Este

Sur

Fábrica

Aplica

Aplícalo   Haz un mapa de tu salón de clases.

Muestra las direcciones.

APRENDE en línea

Visita **www.harcourtschool.com/ss1**
para hallar actividades en Internet.

73

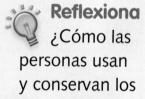
Las personas usan los recursos

Reflexiona
¿Cómo las personas usan y conservan los recursos?

Vocabulario
recurso
reciclar

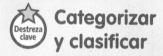

Categorizar y clasificar
Destreza clave

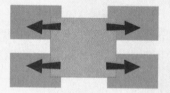

El suelo, los árboles y el agua son algunos de los recursos de la Tierra. Un **recurso** es todo lo que podemos usar. A menudo, las personas viven cerca de los recursos.

Gran parte del terreno en la Tierra está cubierto de abono. Las personas usan el abono para cultivar alimentos en las granjas. Muchos tipos de alimentos que comes provienen de las granjas de todo el país.

Alimentos

Las personas cultivan ciertos tipos de árboles para obtener alimentos. Las frutas y las nueces crecen en los árboles. Las personas también usan la madera de los árboles para construir edificios y muebles.

Todos los seres vivos necesitan agua para vivir. Las personas construyen presas para almacenar agua. A menudo, las personas que viven cerca del agua pescan para obtener alimento.

Desarrollar el vocabulario

Por qué es importante   Mientras lees, vas a hallar muchas palabras nuevas. Puedes escribirlas en una red que te ayude a aprenderlas.

Aprende

La palabra red en esta página muestra cómo estaban agrupadas las palabras sobre conservación. Copia la red.

- ¿Qué palabra está en medio?

- ¿Por qué está <u>agua</u> en otro recuadro?

Practica

Lee el párrafo. ¿Qué palabras nombran cosas que podemos conservar? Añade estas palabras a tu red de palabras.

Conservación es guardar los recursos para que duren más. Podemos conservar agua cerrando la llave cuando nos cepillamos los dientes. Podemos conservar árboles usando menos papel. También podemos conservar gasolina al no viajar tanto en nuestros carros.

Aplica

Aplícalo Haz una red para la palabra **reciclar**. Añade a tu red palabras que digan algo sobre **reciclar**.

Vocabulario

tiempo

estación

recreación

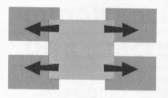 **Categorizar y clasificar**

¿Qué es el tiempo?

Hay muchos tipos de tiempo. El **tiempo** es cómo se siente el aire afuera.

El tiempo cambia con las estaciones. Una **estación** es una época del año. Las cuatro estaciones son la primavera, el verano, el otoño y el invierno. El tiempo de una estación varía dependiendo del lugar.

Primavera

Verano

Otoño

Invierno

Las personas se informan sobre el tiempo antes de decidir qué ropa ponerse. Eligen ropa que las mantenga abrigadas, secas o frescas.

Datos breves

El sitio más caliente de Estados Unidos es un desierto de California llamado el Valle de la Muerte. Una vez, ¡la temperatura en el Valle de la Muerte alcanzó los 134 grados!

Las personas también eligen el tipo de recreación según el tiempo. La **recreación** es lo que las personas hacen para divertirse. Hacer deportes o jugar, y disfrutar de actividades al aire libre, son formas de recreación.

Resumen Hay muchos tipos de tiempo. El tiempo determina cómo nos vestimos y qué jugamos.

Repaso

1 **Reflexiona** ¿Cómo afecta el tiempo a las personas?

2 **Vocabulario** ¿Cuáles son las cuatro **estaciones**?

3 **Actividad** Conviértete en un pronosticador del tiempo. Dile a las personas qué ropa deben ponerse para cada tipo de tiempo que tú reportas.

4 **Categorizar y clasificar** Haz una tabla que muestre formas de divertirse en el verano y en el invierno.

Puntos de vista

¿Qué opinas?

"¿Qué tiene de especial el lugar donde vives?"

Eddie

"En verano, puedo nadar en la playa y en invierno puedo esquiar en las montañas".

Sra. Johnson

"Las personas vienen de todas partes a ver nuestras hermosas mariposas".

Datos del pasado

Daniel Boone: Wilderness Road

A Daniel Boone le gustaba explorar. Halló tierras en Kentucky que eran buenas para la agricultura y la cacería. En 1775, condujo a grupos de pobladores a esas tierras, por Wilderness Road.

Srta. Patel

"Tenemos cientos de lugares donde comer con comidas de todo tipo".

Sr. Ruiz

"Yo pesco en los diferentes lagos y ríos cerca de nuestra comunidad".

Erin

"Tenemos un buen sistema de autobuses. Es muy fácil ir por toda la comunidad".

Es tu turno

- ¿Tiene tu comunidad alguna de estas cosas especiales? Si es así, ¿cuáles son?
- ¿Qué hace especial a tu comunidad?

Lee las claves.

Halla las respuestas en el dibujo. Algunas claves tienen más de una respuesta.

Yo vivo en una granja.

Yo soy una vivienda para los animales.

Yo soy un tipo de tiempo.

Yo soy un recurso.

Yo soy un tipo de recreación.

Yo soy una estación.

Yo soy un tipo de transporte.

Aventuras en línea

APRENDE en línea

¿Cómo puedes llegar de la escuela al campo de juego? En este juego en inglés, juega con Eco. Juega ahora, en www.harcourtschool.com/ss1

Repaso y preparación para la prueba

La gran idea

Los lugares Las personas viven en lugares diferentes. El lugar donde vivimos determina nuestro estilo de vida.

Categorizar y clasificar

Copia y completa la tabla para categorizar y clasificar la ropa para los diferentes tipos de tiempo.

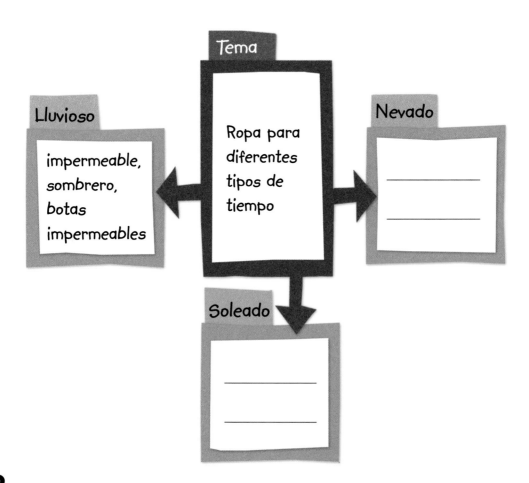

Tema

Ropa para diferentes tipos de tiempo

Lluvioso
impermeable, sombrero, botas impermeables

Nevado
_____
_____

Soleado
_____
_____

✔ Vocabulario

Escribe la palabra que va con cada dibujo.

① _____

② _____

③ África **_____**

④ New Jersey **_____**

⑤ Estados Unidos **_____**

Banco de palabras

estado
(pág.57)

país
(pág.58)

globo terráqueo
(pág.60)

continente
(pág.60)

recurso
(pág.74)

✔ Datos e ideas principales

⑥ ¿Qué muestra una frontera?

⑦ ¿Cerca de qué tipos de terreno y agua viven las personas?

⑧ ¿En qué se diferencia una ciudad de un pueblo?

⑨ ¿Qué recurso usan las personas para pescar en busca de alimento?

    A suelo   **C** rocas

    B árboles   **D** agua

⑩ ¿Cuál NO es un tipo de recreación que podrías tener en la playa?

    A natación   **C** patinaje sobre hielo

    B voleibol   **D** pasear en velero

Razonamiento crítico

⑪ ¿En qué se parecen y en qué se diferencian las ciudades, los pueblos y las granjas?

⑫ **Aplícalo**   ¿Cómo sería tu vida si vivieras en un lugar donde nevara mucho?

Destrezas

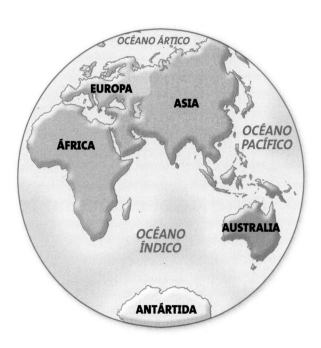

⑬ ¿Cuántos continentes hay?

⑭ Nombra los cuatro océanos.

⑮ ¿En qué continente vives?

⑯ ¿Qué océanos están alrededor de Australia?

Parque zoológico

Norte

Oeste — Este

Sur

⑰ ¿Qué está al oeste de los leones?

⑱ ¿Qué está al norte de los elefantes?

⑲ Partiendo de los tigres, ¿en qué dirección están los delfines?

⑳ Mueve tu dedo, de los gorilas a los tigres, ¿en qué dirección lo moviste?

Actividades

Muestra lo que sabes

 Actividad de redacción

Escribe sobre un lugar ¿Qué palabras podrías usar para describir a un amigo por correspondencia el lugar donde vives?

Escribe una carta Escribe una breve carta a tu amigo hablándole del lugar donde vives.

Proyecto de la unidad

Mural de los lugares donde vivimos Haz un mural para mostrar dónde vives.

- Piensa en diferentes cosas de tu comunidad.
- Dibújalas en un mural.
- Muéstralo a otra clase.

Lecturas adicionales

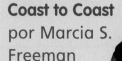

Rand McNally

Coast to Coast
por Marcia S. Freeman

Candlewick Press, Inc.

The Once Upon a Time Map Book
por B. G. Hennessy

Aladdin

The Year at Maple Hill Farm
por Alice y Martin Provensen

APRENDE en línea

Visita **www.harcourtschool.com/ss1** para hallar más recursos en Internet.

Amamos nuestro país

La gran idea

Nuestro país

Aprendemos sobre nuestro país a través de sus símbolos, héroes y días de fiesta nacionales.

Reflexiona

✔ ¿Qué son la Declaración de Independencia y la Constitución de Estados Unidos?

✔ ¿Qué es el Juramento a la bandera?

✔ ¿Por qué son importantes los símbolos de nuestro país?

✔ ¿Por qué tenemos días de fiesta nacionales?

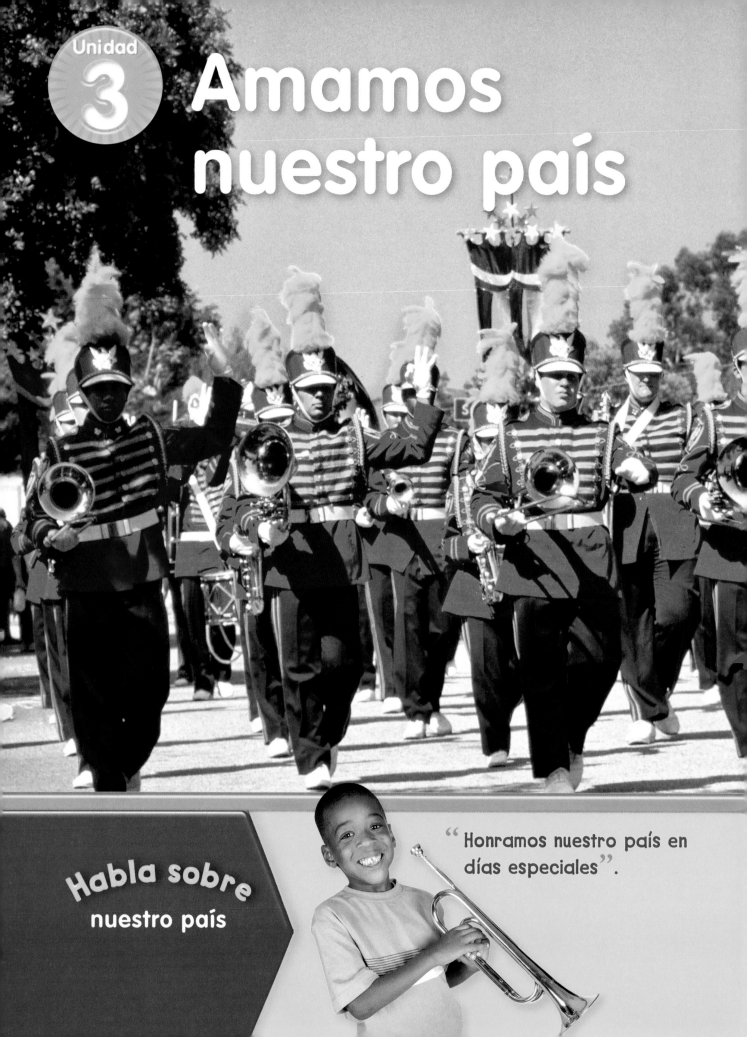

Amamos nuestro país

Habla sobre
nuestro país

" Honramos nuestro país en días especiales".

"Nuestro país tiene muchos símbolos importantes".

"Recordamos a nuestros héroes".

bandera   Una pieza de tela con colores y figuras que representan cosas. (página 116)

libertad   El derecho que tienen las personas de tomar sus propias decisiones. (página 108)

lugar histórico Un símbolo que es un lugar que podemos visitar. (página 122)

día de fiesta nacional Un día que honra a una persona o un evento importante para nuestro país. (página 128)

héroe Una persona que hace algo valiente o importante para ayudar a los demás.

(página 129)

APRENDE en línea

Visita **www.harcourtschool.com/ss1** para hallar más recursos en Internet.

Destreza clave

La lectura en los Estudios Sociales
Idea principal y detalles

Por qué es importante Hallar la idea principal y los detalles te ayuda a entender lo que lees.

Aprende

● La idea principal te dice de lo que trata la lectura. Es la parte más importante.

● Un detalle da más información. Los detalles explican la idea principal.

Lee el párrafo.

Idea principal

Detalle

Estados Unidos tiene muchos símbolos que demuestran que los americanos son libres. El águila calva es un símbolo de nuestro país. Es un ave fuerte que vuela libre. La Declaración de Independencia y la Constitución de Estados Unidos están en lugares especiales. Estos símbolos muestran lo arduo que trabajaron nuestros primeros líderes para liberar a nuestro país.

Practica

Idea principal

Estados Unidos tiene muchos símbolos que demuestran que los americanos son libres.

Detalles

águila calva	_____ _____	_____ _____

Esta tabla muestra la idea principal y un detalle de lo que acabas de leer. ¿Qué detalles podrías agregar? Copia la tabla y complétala.

Aplica

Mientras lees, busca la idea principal y los detalles de cada lección.

América

por Samuel F. Smith

ilustrada por Richard Johnson

Mi país amado,
tierra dulce de la libertad,
es a ti a quien canto;

tierra en la que murieron
mis padres,
orgullo de los peregrinos,
espero que en todas partes
siempre exista la libertad.

Tú eres mi país natal,
tierra de la libertad,
amo mi nacionalidad.

Amo tus piedras y riachuelos,
tus bosques y hermosas colinas,
mi corazón late con vigor,
como el de tu interior.

Responde

1. **(Destreza clave)** **Idea principal y detalles** ¿Qué ama el autor sobre América?

2. **Aplícalo** ¿Qué te hace sentir esta canción?

103

Los comienzos de nuestro país

Reflexiona
¿Qué son la Declaración de Independencia y la Constitución de Estados Unidos?

Vocabulario
poblador
colonia
libertad

Destreza clave
Idea principal y detalles

Los pobladores llegaron a América del Norte desde países de Europa hace más de cuatrocientos años. Un **poblador** es una persona que establece su hogar en un lugar nuevo.

Destreza con mapas
¿Qué océano cruzó el <u>Mayflower</u>?

Uno de los grupos de pobladores fue los peregrinos. Ellos zarparon de Inglaterra en un barco llamado el <u>Mayflower</u>. Los peregrinos construyeron una aldea en un lugar llamado Plymouth.

El pueblo Wampanoag vivía en el lugar donde llegaron los peregrinos. Ellos les enseñaron a cultivar maíz a los peregrinos.

Los americanos libraron una guerra con Inglaterra para obtener su libertad. La **libertad** es el derecho de tomar decisiones. El general George Washington dirigió muchas batallas contra los soldados ingleses. Él ayudó a los americanos a ganar la guerra.

Tambor de movilización

Las 13 colonias se convirtieron en Estados Unidos de América después de la guerra. Los líderes americanos escribieron la Constitución de Estados Unidos. La Constitución es el conjunto de reglas para nuestro país. George Washington se convirtió en el primer presidente de Estados Unidos.

La primera dama
Martha Washington

Resumen La Declaración de Independencia y la Constitución de Estados Unidos son símbolos importantes de nuestra libertad.

Repaso

1. **Reflexiona** ¿Qué son la Declaración de Independencia y la Constitución de Estados Unidos?

2. **Vocabulario** ¿Quién gobernaba las **colonias** en América del Norte?

3. ✏️ **Redacción** Explica por qué los líderes americanos escribieron la Constitución.

4. ⭐ (Destreza clave) **Idea principal y detalles** ¿Por qué los americanos libraron una guerra con Inglaterra?

109

Integridad

Respeto
Responsabilidad
Equidad
Bondad
Patriotismo

George Washington

George Washington creía que las personas debían trabajar arduamente y ser honestas. Él comenzó a trabajar a los 17 años. Ayudaba a las personas a hacer mapas de sus tierras. Era tan honesto y justo que muchas personas querían que trabajara para ellos. Más tarde, Washington se alistó en el ejército y se convirtió en un líder de confianza.

La importancia del carácter

¿Por qué crees que las personas confiaban en George Washington?

George Washington fue el primer presidente de Estados Unidos.

Siendo un jovencito, Washington poseía y trabajaba la tierra.

Washington era un líder bondadoso y justo. Él recompensaba a las personas por su arduo trabajo.

Washington dirigió a los americanos en una lucha por su libertad y por gobernar su propio país. En los comienzos de Estados Unidos, los americanos lo eligieron como su primer presidente.

APRENDE
en línea

Visita **www.harcourtschool.com/ss1** para hallar recursos en Internet.

Tiempos

1732			1799
Nace			Muere

1775 Se convierte en un líder del ejército

1789 Se convierte en el primer presidente de Estados Unidos

Aprender sobre la libertad

Puedes aprender sobre el nacimiento de nuestro país de las cosas que se hicieron en esa época. Los mapas, los documentos históricos y las obras de arte muestran las ideas que tenían y los sentimientos que sentían las personas en los comienzos de Estados Unidos de América.

PRD ❶ ¿Qué puedes aprender al leer el diario de alguien?

Pintura de John Adams, siglo diecinueve

Una página del diario de John Adams, 1776

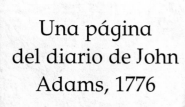

¿Qué te dicen este mapa y esta pintura sobre cómo era nuestro país hace mucho tiempo?

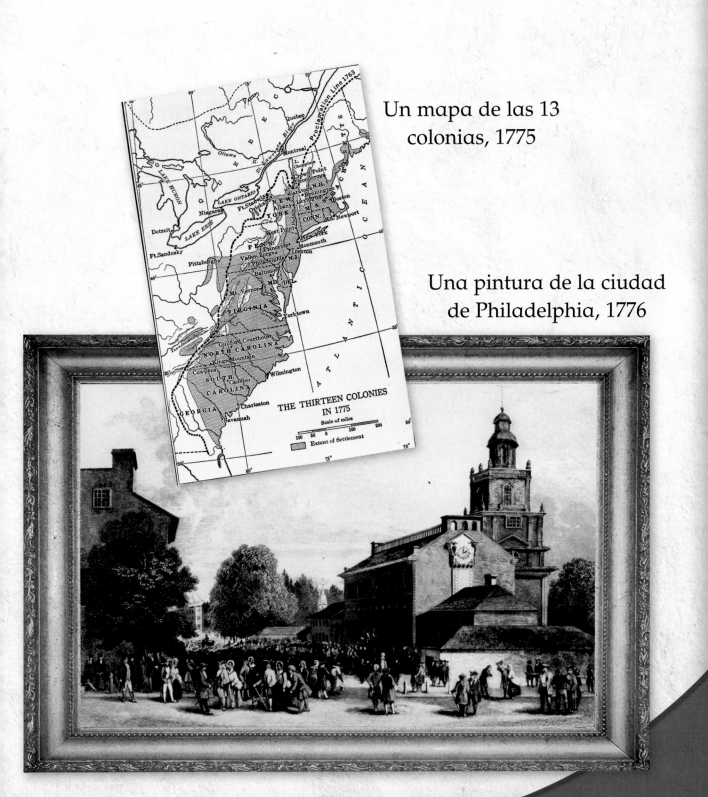

Un mapa de las 13 colonias, 1775

Una pintura de la ciudad de Philadelphia, 1776

PRD 3 ¿Qué te indican los nombres al final de la Declaración de Independencia?

El salón donde se firmó la Declaración de Independencia

La Declaración de Independencia

Pluma y tinta que usaron los firmantes

PRD ④ ¿Qué te indican las palabras: "Nosotros, el pueblo…" sobre las reglas y leyes en la Constitución?

George Washington ayudó a redactar la Constitución

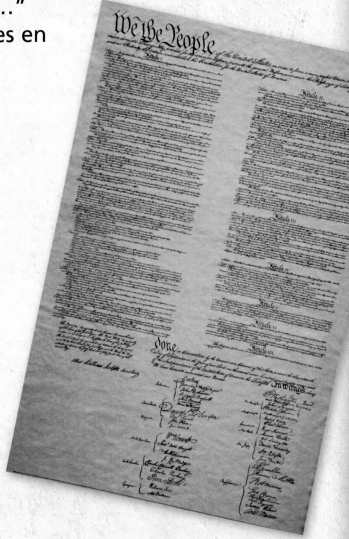

La Constitución de Estados Unidos

 Escribe sobre el tema

¿Qué nos indican las cosas de nuestra historia sobre la libertad?

 APRENDE en línea

Visita **www.harcourtschool.com/ss1** para hallar más recursos en Internet.

Juro lealtad

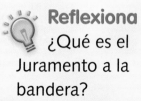 **Reflexiona**
¿Qué es el Juramento a la bandera?

Vocabulario
bandera
juramento

 **Idea principal y detalles**

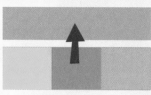

La bandera americana es un símbolo de nuestro país. Una **bandera** es una pieza de tela con colores y figuras que representan cosas. Los estados tienen sus propias banderas. Algunos grupos también tienen banderas.

Nuestra bandera es roja, blanca y azul. Tiene 50 estrellas. Cada estrella representa un estado de nuestro país. Las 13 franjas representan los primeros 13 estados. Nuestra bandera cambió a medida que crecía nuestro país.

1777

1820

1960

Símbolos americanos

Reflexiona
¿Por qué son importantes los símbolos de nuestro país?

Vocabulario
lugar histórico

Idea principal y detalles

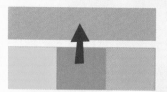

Estados Unidos de América tiene muchos símbolos. Estos símbolos representan eventos, personas e ideas que son importantes para nosotros.

Campana de la Libertad

Algunos símbolos son plantas o animales. La rosa y el águila calva son símbolos americanos.

Los símbolos también pueden ser objetos. La bandera de nuestro país es un símbolo. También son símbolos las imágenes de nuestro dinero.

Águila calva

Leer un diagrama

Por qué es importante Un **diagrama** es una ilustración que muestra las partes de algo.

Aprende

La ilustración de la siguiente página es un diagrama de la Estatua de la Libertad. La estatua es de una mujer que representa la libertad.

Practica

1 ¿Qué sostiene la mujer en alto?

2 ¿Cuántas ventanas hay en su corona?

3 ¿Qué viste la mujer?

3 ¿Cuál es el nombre de la isla donde está la estatua?

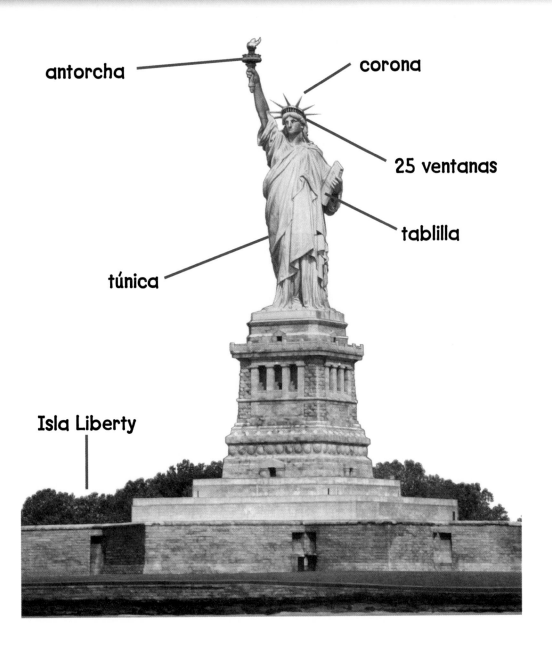

antorcha

corona

25 ventanas

tablilla

túnica

Isla Liberty

Aplica

Haz un diagrama de otro lugar histórico
o símbolo americano. Nombra las partes.

APRENDE
en
línea

Visita **www.harcourtschool.com/ss1**
para hallar actividades en Internet.

Excursión

http://www.harcourtschool.com/ss1

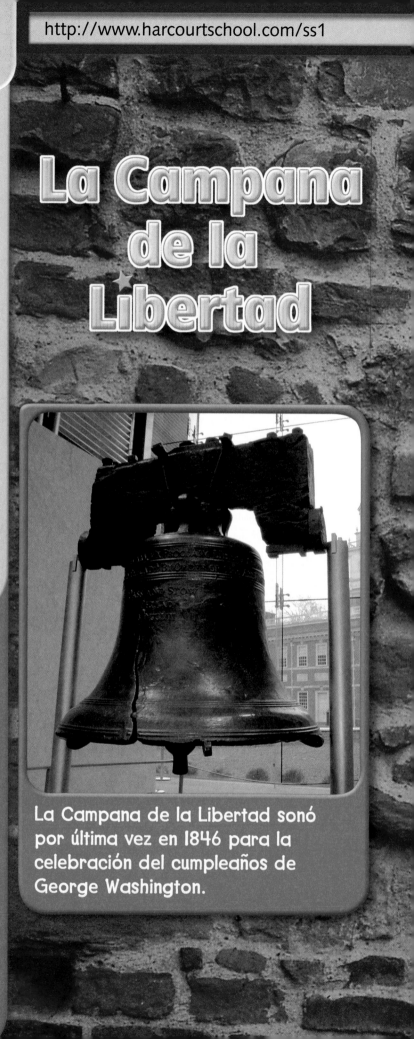

La Campana de la Libertad

Descúbrelo

La Campana de la Libertad es un símbolo de libertad. Las personas pueden ver la Campana de la Libertad en el Parque Nacional Histórico Independence en Philadelphia, Pennsylvania. Las personas visitan el parque para aprender más sobre cómo se formó la nación. Los edificios del parque muestran la historia de Estados Unidos de América.

Ubícalo

Estados Unidos

Philadelphia, Pennsylvania

La Campana de la Libertad sonó por última vez en 1846 para la celebración del cumpleaños de George Washington.

Las banderas de los 50 estados se exhiben en el National Constitution Center.

La Declaración de Independencia y la Constitución de Estados Unidos se firmaron en el Independence Hall.

Los visitantes pueden ver la Declaración de Independencia.

Los recreadores del Franklin Court enseñan a los visitantes sobre la vida de Benjamin Franklin.

Un paseo virtual

APRENDE
en línea

Visita **www.harcourtschool.com/ss1** para hallar más recursos en Internet.

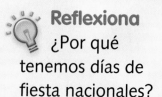
Días de fiesta y héroes

Vocabulario

día de fiesta nacional

héroe

Idea principal y detalles

Destreza clave

Un **día de fiesta nacional** es un día que honra a una persona o evento que es importante para nuestro país. El Día de los Caídos y el Día de los Veteranos son dos días de fiesta nacionales. Recordamos a las personas que han ayudado en las guerras de nuestro país en estos días.

Un **héroe** es una persona que hace algo valiente o importante para ayudar a los demás. Los hombres y las mujeres que trabajan en el ejército son héroes. Ellos ayudan a proteger nuestro país.

Ejército

Armada

Infantes de marina

Nuestro país tiene muchos héroes y tenemos muchos días de fiesta para honrarlos. En el Día de Martin Luther King, Jr., honramos a un líder que trabajó para que todos los americanos tuvieran los mismos derechos.

El Día de los Presidentes comenzó como el cumpleaños de George Washington. Era un día de fiesta para recordar a nuestro primer presidente. Ahora es un día para recordar la labor de todos nuestros presidentes.

Dr. Martin Luther King, Jr.

Abraham Lincoln

George Washington

Algunos días de fiesta honran algo importante que sucedió en nuestro país. Hace mucho tiempo, los peregrinos agradecían por una buena cosecha. Compartían un festín con los indios Wampanoag. Nosotros recordamos ese festín con un día de fiesta llamado Día de Acción de Gracias.

Día de Acción de Gracias, 1621

Cómo damos gracias en la actualidad

El 4 de Julio es el Día de la Independencia, el cumpleaños de nuestro país. Ese día muchas comunidades tienen desfiles y fuegos artificiales.

El Día de la Constitución honra el día que los líderes americanos firmaron la Constitución de Estados Unidos. En este día, aprendemos más sobre nuestra Constitución.

El Día del Trabajo es un día para honrar a los trabajadores de nuestro país. Muchas personas no trabajan en este día de fiesta, en cambio pasan el día relajados y hacen picnics.

Resumen Los días de fiesta nacionales nos ayudan a recordar los eventos y héroes importantes de nuestro país.

Repaso

1. **Reflexiona** ¿Por qué tenemos días de fiesta nacionales?

2. **Vocabulario** Nombra a un **héroe** americano.

3. **Actividad** Haz una tabla sobre los días de fiesta nacionales con tus compañeros.

4. (Destreza clave) **Idea principal y detalles** ¿Qué hacen los americanos en los días de fiesta nacionales?

Día de la Bandera

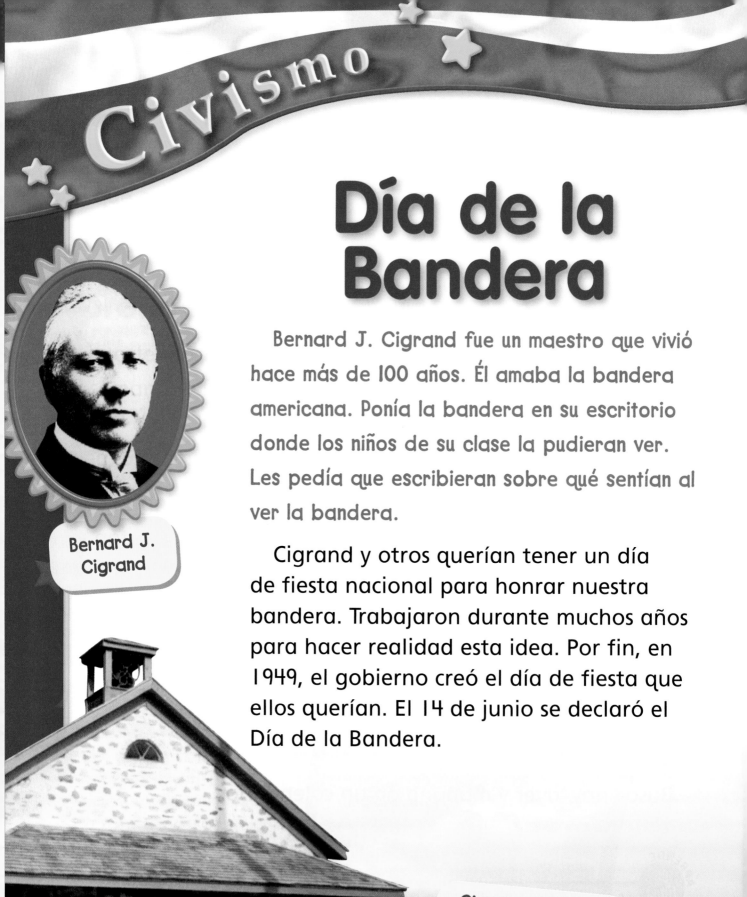

Bernard J. Cigrand fue un maestro que vivió hace más de 100 años. Él amaba la bandera americana. Ponía la bandera en su escritorio donde los niños de su clase la pudieran ver. Les pedía que escribieran sobre qué sentían al ver la bandera.

Cigrand y otros querían tener un día de fiesta nacional para honrar nuestra bandera. Trabajaron durante muchos años para hacer realidad esta idea. Por fin, en 1949, el gobierno creó el día de fiesta que ellos querían. El 14 de junio se declaró el Día de la Bandera.

Bernard J. Cigrand

Cigrand enseñaba en la escuela Stony Hill en el estado de Wisconsin.

Puedes ver la bandera en muchos lugares. Algunas personas cuelgan la bandera de un asta. Esto se conoce como izar la bandera. Las personas izan las banderas en sus casas y en sus trabajos. La bandera también se iza en tu escuela.

A veces, las personas izan la bandera a media asta. Esto se hace cuando ha muerto alguien importante para nuestro país. Izar la bandera así demuestra respeto por esta persona.

Aplícalo ¿Qué sientes por la bandera?

Halla lo que está escondido.

¿Puedes hallar los ocho símbolos y lugares históricos escondidos en el dibujo?

Símbolos

bandera billete de un dólar

águila calva moneda de 1¢

Lugares históricos

Campana de la Libertad Estatua de la Libertad

Monumento a Washington Capitolio

 Aventuras en línea APRENDE en línea

¡Es la hora de planificar un día de fiesta! En este juego en inglés, ayuda a Eco a planificar todo. Juega ahora en www.harcourtschool.com/ss1

Repaso y preparación para la prueba

💡 La gran idea

Nuestro país Aprendemos sobre nuestro país a través de sus símbolos, héroes y días de fiesta nacionales.

⭐ Idea principal y detalles

Destreza clave

Copia y completa la tabla para mostrar lo que aprendiste sobre el Juramento a la bandera.

Idea prinicipal

El Juramento a la bandera nos recuerda que debemos ser buenos ciudadanos.

Detalles

| Le damos la cara a la bandera cuando recitamos el juramento. | _____ _____ | _____ _____ |

Vocabulario

Escribe la palabra que completa cada oración.

Banco de palabras

libertad
(pág. 108)

bandera
(pág. 116)

lugar histórico
(pág. 122)

día de fiesta nacional
(pág. 128)

héroe
(pág. 129)

1. El Monumento a Washington es un _____.

2. El 4 de Julio es un _____.

3. Las franjas rojas y blancas de nuestra _____ representan los primeros 13 estados.

4. Los americanos libraron una guerra con Inglaterra por la _____ o el derecho de tomar decisiones.

5. El Dr. Martin Luther King, Jr. es un _____.

Datos e ideas principales

6. ¿Quiénes eran los peregrinos?

7. ¿Por qué se libró una guerra con Inglaterra?

8. ¿Qué representan las 50 estrellas de la bandera?

9. ¿Cuál de estos símbolos es un lugar histórico?

   A bandera   **C** rosa

   B Monte Rushmore   **D** águila calva

10. ¿Cuál NO es un día de fiesta nacional?

   A Día de los Veteranos   **C** Día del Oficio

   B Día del Trabajo   **D** Día de la Independencia

Razonamiento crítico

11 ¿Por qué celebramos los días de fiesta nacionales?

12 **Aplícalo** ¿Cómo sería diferente tu vida si no tuviéramos la Constitución de Estados Unidos?

Destrezas

enero

domingo	lunes	martes	miércoles	jueves	viernes	sábado
	1 Año Nuevo	2	3	4	5	6
7	8	9	10	11	12	13
14	15 Día del Dr. Martin Luther King, Jr.	16	17 Cumpleaños de Benjamin Franklin	18	19	20
21	22	23	24	25	26	27
28	29	30	31			

13 ¿Cuántos días hay en enero?

14 ¿Cuándo honramos al Dr. Martin Luther King, Jr.?

15 ¿Qué tiene de especial el 1° de enero?

16 ¿En qué día de la semana cae el cumpleaños de Benjamin Franklin?

El Capitolio de Estados Unidos

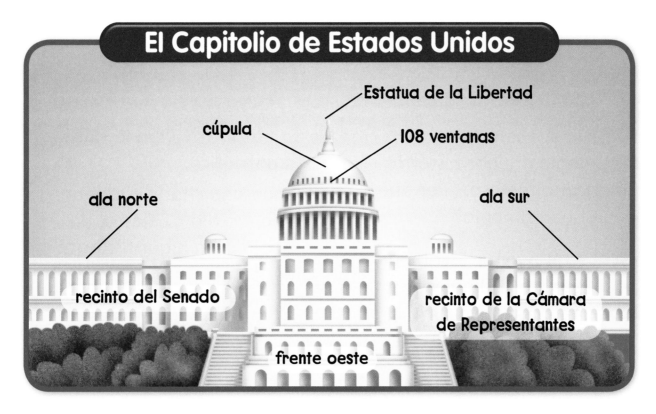

Estatua de la Libertad

cúpula

108 ventanas

ala norte

ala sur

recinto del Senado

recinto de la Cámara de Representantes

frente oeste

⑰ ¿Qué está encima de la cúpula?

⑱ ¿Cómo se llama el frente del Capitolio?

⑲ ¿Cuántas ventanas hay en la cúpula?

⑳ ¿Qué recinto está en el ala sur?

3 Actividades

Muestra lo que sabes

 Actividad de redacción

Elige un símbolo Piensa en un símbolo o lugar histórico americano famoso. ¿Por qué es un buen símbolo?

Escribe un poema Escribe un poema sobre el símbolo o lugar histórico.

Proyecto de la unidad

Fiesta patriótica Planea una fiesta patriótica.

- Planea una charla sobre un héroe, un día de fiesta, un símbolo o un lugar histórico americano.
- Haz invitaciones y adornos para el salón de clases.

Lecturas adicionales

Capstone Press

Flag Day
por Mari C. Schuh

Ideals Publications

The Story of "The Star-Spangled Banner"
por Patricia A. Pingry

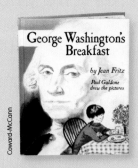

Coward-McCann

George Washington's Breakfast
por Jean Fritz

 APRENDE en línea

Visita **www.harcourtschool.com/ss1** para hallar más recursos en Internet.

Nuestro mundo cambia

La gran idea

El cambio

Hoy en día las personas son iguales a las personas que vivían hace mucho tiempo de muchas maneras. Pero el modo de vida ha cambiado a través del tiempo.

Reflexiona

✓ ¿En qué se diferencian las vidas de las personas de hoy de las del pasado? ¿En qué se parecen?

✓ ¿Cómo eran las escuelas de hace tiempo?

✓ ¿Qué les puede suceder a las comunidades con el tiempo?

✓ ¿Cómo ha cambiado el transporte con el tiempo?

Nuestro mundo cambia

Habla sobre

el cambio

"Hace mucho tiempo, las escuelas eran diferentes".

"Las herramientas que usamos han cambiado con el tiempo".

"La tecnología ha mejorado el transporte".

145

vocabulario

pasado El tiempo antes
del actual. (página 178)

presente El tiempo actual.
(página 179)

cambiar Convertirse en algo diferente.
(página 170)

línea cronológica Una línea que muestra el orden en el que sucedieron las cosas. (página 182)

tecnología Todas las herramientas que usamos para facilitar nuestras vidas. (página 186)

APRENDE **en línea**

Visita **www.harcourtschool.com/ss1** para hallar más recursos en Internet.

147

La lectura en los Estudios Sociales
Destreza clave
Secuencia

Por qué es importante Aprender la secuencia o el orden de las cosas te ayuda a entender lo que lees.

Aprende

- La secuencia es el orden en el que suceden las cosas. ¿Qué sucede primero? ¿Qué sucede después? ¿Qué sucede por último?

- Busca palabras de secuencia, como <u>primero</u>, <u>después</u>, <u>luego</u>, <u>más tarde</u>, <u>último</u> y <u>finalmente</u>.

Lee el párrafo.

Secuencia

Hace tiempo, el día escolar no era como el actual. Los niños iban a la escuela caminando. Todos los grados compartían el mismo salón de clases. Primero, todos los niños leían en voz alta. Después, cada grado recitaba una lección mientras que los demás niños trabajaban en silencio. Por último, los niños ayudaban al maestro con ciertas labores. Limpiaban el salón de clases y buscaban leña para la hoguera.

Practica

Primero	Después	Último
Todos los niños leían en voz alta.		

Esta tabla muestra la secuencia de las cosas que sucedían hace mucho tiempo en una escuela. Copia la tabla y llena las siguientes cosas en orden.

Aplica

Mientras lees, busca palabras que digan la secuencia de las cosas.

Los sombreros de la tía Flossie
(y torticas de cangrejo, después)

por Elizabeth Fitzgerald Howard

dibujos por James Ransome

Los domingos en la tarde,
Sarah y yo vamos a visitar
a la tía bisabuela Flossie.
A Sarah y a mí nos encanta
la casa de tía Flossie. Está
repleta de objetos y cosas,
libros y cuadros, y lámparas
y almohadas…

Platos, bandejas y viejas
flores disecadas…
¡Y cajas,
y cajas
y cajas
de SOMBREROS!

Los domingos en la tarde, cuando Sarah y yo
vamos a ver a tía Flossie, nos dice:

"Pasa, Susan; pasa, Sarah. Tomen una taza
de té y coman unas galletas. ¡Después
comeremos unas torticas de cangrejo!"

Tomamos traguitos de té y comemos nuestras galletas, y luego tía Flossie nos deja ver sus cajas de sombreros.

Sacamos sombreros y nos los probamos. Tía Flossie dice que son sus recuerdos, y que cada sombrero tiene su historia.

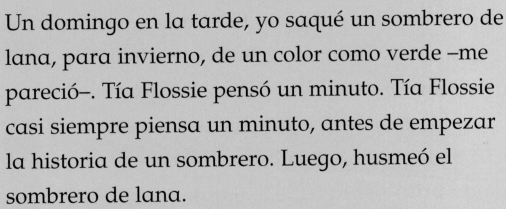

Un domingo en la tarde, yo saqué un sombrero de lana, para invierno, de un color como verde –me pareció–. Tía Flossie pensó un minuto. Tía Flossie casi siempre piensa un minuto, antes de empezar la historia de un sombrero. Luego, husmeó el sombrero de lana.

—Ahora huele un poco a humo –dijo.
Sarah y yo husmeamos también el sombrero.
—¿Olor a humo, tía Flossie?

153

—El gran incendio —dijo tía Flossie—; el gran incendio de Baltimore. Todo olía a humo, por millas alrededor. Durante días y días. Un gran fuego. No llegó cerca de nuestra casa, en la calle Centre, pero podíamos oír camiones de bomberos, corriendo a toda prisa por la calle St. Paul.

"Oíamos el traqueteo de las pezuñas de los caballos. ¡Campanas! ¡Silbatos! Su bisabuela y yo no podíamos dormir. Nos pusimos nuestros abrigos y sombreros y salimos corriendo. Nos preocupaba la tienda de comestibles del tío Jimmy, nos preocupaban las tortuguitas y los cangrejos. ¡Un gran incendio, el de Baltimore!"

Tía Flossie cerró los ojos. Creo que estaba viendo hacia el pasado, hace mucho tiempo. Yo me preguntaba de qué torticas de cangrejo hablaría. ¿Tendrían torticas de cangrejo en ese entonces?

Luego, Sarah husmeó el sombrero de tía Flossie.
—Ya no huele a humo —dijo.
Pero yo pensé que podía oler algo de humo, un poquito.

156

—Me gusta esa historia –dije.

–A mí también –dijo Sarah.

–¡Torticas de cangrejo! –dijo tía Flossie– ¡Qué magnífica idea! Sarah, Susan, llamen por teléfono a sus padres, ¡y vamos por torticas de cangrejo ahora mismo!

Creo que Sarah y yo siempre estaremos de acuerdo en una cosa: nada en el mundo es más sabroso que las torticas de cangrejo.

Pero las torticas de cangrejo saben mejor después de las historias…

¡Las historias de los sombreros de tía Flossie!

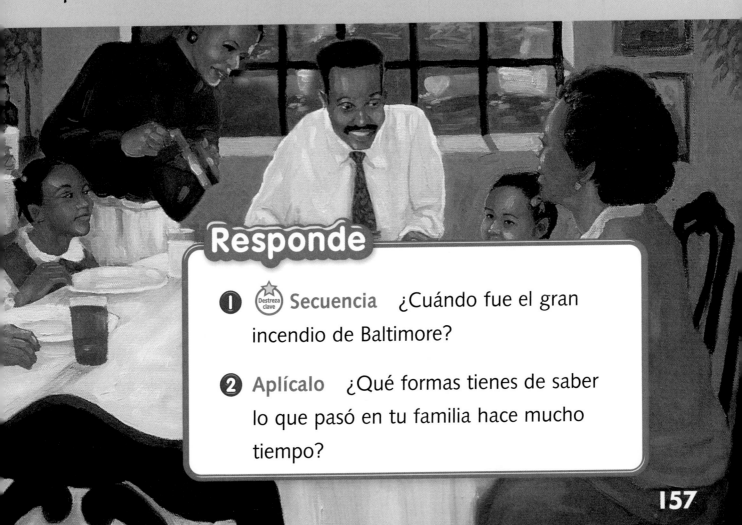

Responde

1. (Destreza clave) **Secuencia** ¿Cuándo fue el gran incendio de Baltimore?

2. **Aplícalo** ¿Qué formas tienes de saber lo que pasó en tu familia hace mucho tiempo?

157

Las personas del pasado

Reflexiona
¿En qué se diferencian las vidas de las personas de hoy de las del pasado? ¿En qué se parecen?

Vocabulario
comunicación

Destreza clave Secuencia

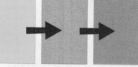

A Darla le encanta ver películas familiares con su abuela Mary. Darla aprende cómo era la vida cuando su abuela Mary era una niña.

Las películas muestran cómo se vestían las personas entonces. —Cuando yo era una niñita, siempre usaba vestidos —explica la abuela Mary. Darla cree que la abuela Mary se veía bonita, pero a Darla le gusta ponerse jeans y camisetas.

—Al igual que muchas otras mujeres de aquel tiempo, mi mamá trabajaba en la casa —le dice la abuela Mary a Darla—. Se encargaba de la casa y cuidaba a mis hermanos y a mí.

Hoy en día, tanto hombres como mujeres trabajan en la casa. Los hombres y las mujeres también tienen empleos fuera del hogar. La abuela Mary trabaja como dentista.

La abuela Mary le habla a Darla de lo mucho que se divertía cuando era niña. Algunos de los juegos que jugaba eran diferentes de los juegos de Darla y otros eran iguales.

—Cada año, nuestra familia iba al Festival de las azaleas en Wilmington, North Carolina —dice la abuela Mary—. Muchos todavía asisten a este festival.

Las personas hablan y escriben para compartir ideas y sentimientos todos los días. Esta participación se llama **comunicación**.

En el pasado, la abuela Mary escribía cartas a sus amigas y hablaba con otros por teléfono.

Actualmente, ella y Darla se comunican de la misma manera que en el pasado. También usan la computadora para enviar cartas y fotografías por correo electrónico.

Resumen Hay cosas que hacen las personas, que han permanecido iguales y otras han cambiado con el tiempo.

¡Tienes correo!

Repaso

① **Reflexiona** ¿En qué se diferencian las vidas de las personas de hoy de las del pasado? ¿En qué se parecen?

② **Vocabulario** ¿Qué tipos de **comunicación** usaban las personas del pasado para compartir noticias?

③  **Actividad** Pregunta a un adulto de tu familia cómo era la vida cuando era niño. Compártelo con tu clase.

④ **Secuencia** ¿Era la abuela Mary una niñita antes o después que nació Darla?

163

Usar recursos visuales

Por qué es importante   Ver ilustraciones te ayuda a comprender lo que estás leyendo. Además, las ilustraciones hacen más interesante lo que lees.

Aprende

Las ilustraciones pueden contar un cuento. A veces, las ilustraciones tienen leyendas o palabras que las describen. Observa estas ilustraciones. Haz preguntas sobre lo que ves.

La vida familiar de hace mucho tiempo

Practica

- ¿Qué están haciendo las personas?

- ¿En qué se parece su ropa a la tuya? ¿En qué se diferencia?

- ¿En qué se parece su casa a la tuya? ¿En qué se diferencia?

- ¿Qué te dicen estas fotografías sobre cómo ha cambiado la vida?

Aplica

Mientras lees esta unidad, fíjate bien en las ilustraciones para ver cómo eran las cosas hace mucho tiempo. Piensa en cómo las ilustraciones te ayudan a comprender lo que lees.

Herramientas caseras

Una **herramienta** es algo que usamos para hacer un trabajo. Las personas han usado diferentes tipos de herramientas en sus casas, durante muchos años. La nueva tecnología mejora las herramientas. Mira estas herramientas que las personas usaban hace mucho tiempo, para que veas cómo han cambiado las herramientas caseras con el tiempo.

PRD ❶ ¿Cómo crees que sería usar estas herramientas?

el lechero, década de 1940

refrigerador, década de 1930

triturador de papas

batidor de huevos

PRD ❷ ¿En qué se parecen estas herramientas a las que tenemos hoy en la casa?

plancha, de finales de 1800

lavadora, década de 1930

pinzas para tender la ropa

máquina de coser, de finales de 1800

PRD ❸ ¿En qué se diferencian estas herramientas de las que usas?

máquina de escribir,
década de 1920

teléfono,
comienzos de 1900

radio, década
de 1920

cámara, de comienzos
de 1900

fonógrafo, de finales
de 1800

televisor, década de 1950

✎ Escribe sobre el tema

¿Cómo crees que han cambiado
las herramientas con el tiempo?

APRENDE en línea

Visita **www.harcourtschool.com/ss1**
para hallar más recursos en Internet.

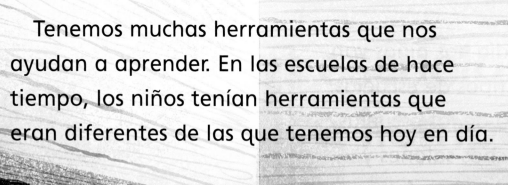

Tenemos muchas herramientas que nos ayudan a aprender. En las escuelas de hace tiempo, los niños tenían herramientas que eran diferentes de las que tenemos hoy en día.

Hace mucho tiempo, los niños jugaban muchos juegos de los que juegan los niños de hoy en día. También jugaban otros diferentes. La mayoría de sus juguetes eran hechos a mano.

Observa estas dos fotografías de niños jugando hace tiempo. ¿Qué juego se parece a uno que todavía se juega hoy en día?

Los niños en la historia

George S. Parker

George S. Parker era bueno para inventar nuevos juegos. En 1883, cuando tenía solo 16 años, vendió su primer juego. Él y sus hermanos formaron una compañía. Hicieron muchos juegos de mesa que todavía jugamos hoy en día.

Hace tiempo, algunos niños tenían que caminar millas para llegar a la escuela. Otros iban en carretas. Hoy en día, muchos niños van a la escuela en carros o en autobuses escolares. Algunos todavía van caminando, como los niños de hace tiempo.

Resumen Hace mucho tiempo, las escuelas eran diferentes de las escuelas de hoy. En algunas cosas eran iguales.

Repaso

① **Reflexiona** ¿Cómo eran las escuelas de hace tiempo?

② **Vocabulario** Nombra algunas cosas que **cambian** con el tiempo.

③ 🖊 **Redacción** Haz un dibujo de una escuela de hace tiempo. Escribe una oración que la describa.

④ (Destreza clave) **Secuencia** ¿Qué herramientas usaban los niños para escribir, antes de que existieran los lápices y los bolígrafos que usamos hoy en día?

Ordenar cosas en grupos

Por qué es importante Tú puedes ordenar las cosas en grupos para ver en qué se parecen y en qué se diferencian.

Aprende

Una **tabla** es un cuadro que muestra las cosas en grupos. Esta tabla tiene dos grupos. Un grupo muestra herramientas de hace tiempo y el otro muestra herramientas de hoy en día.

Practica

1 ¿Qué lado de la tabla muestra las herramientas que usan los niños hoy en día?

2 ¿Cuándo escribían los niños en tablillas? ¿Cómo lo sabes?

3 ¿Usaban los niños marcadores hace tiempo? ¿Cómo lo muestra la tabla?

176

Herramientas escolares

Hace mucho tiempo	Hoy en día

Aplica

Aplícalo   Haz una tabla. De un lado, muestra las herramientas que usarías para hacer un dibujo. Del otro lado, muestra las herramientas que usarías para escribir un cuento.

APRENDE
en línea

Visita **www.harcourtschool.com/ss1** para hallar actividades en Internet.

Las comunidades del pasado

Reflexiona
¿Qué les puede suceder a las comunidades con el tiempo?

Vocabulario

pasado

presente

futuro

 **Secuencia**

Los lugares crecen y cambian con el tiempo, al igual que las personas. Marc vive en Elkhart, Indiana. Así se veía su comunidad en el **pasado**, o sea, el tiempo antes del actual.

Pasado

La comunidad de Marc ha cambiado mucho. Así es como se ve Elkhart en el **presente**, o sea, el tiempo actual.

Las comunidades cambian de muchas maneras. Las personas pueden cambiarlas. Hace muchos años, se comenzaron a mudar familias a Elkhart. Construyeron casas, escuelas y tiendas. Elkhart creció mucho.

Presente

Usar una línea cronológica

Por qué es importante Puedes mostrar cómo cambian las cosas con el tiempo.

Aprende

Una **línea cronológica** muestra el orden en el que sucedieron las cosas. Una línea cronológica puede mostrar días, semanas, meses o años. Una línea cronológica se lee de izquierda a derecha. Las cosas que sucedieron primero están a la izquierda.

Nacimiento de Marc

Marc y su familia se mudan a Elkhart

Practica

1 ¿Cuándo comenzó Marc a ir a la escuela?

2 ¿Qué recibió Marc cuando tenía 6 años?

3 ¿Qué sucedió cuando Marc tenía casi tres años de edad?

Aplica

Aplícalo Haz una línea cronológica que muestre cómo has cambiado.

APRENDE en línea

Visita **www.harcourtschool.com/ss1** para hallar actividades en Internet.

La primera bicicleta de Marc

4   5   6   7

Marc comienza a ir a la escuela

Fiesta de cumpleaños de Marc cuando cumplió 7 años

183

Cambios en el transporte

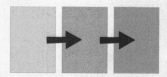
En el pasado, el transporte era muy lento. Las personas tardaban mucho en ir de un lugar a otro.

canoa

La mayoría de las personas no viajaba para conocer lugares nuevos. Muchas personas nunca se alejaron de donde habían nacido.

carromato

Datos breves

Hace tiempo, el Pony Express llevaba el correo del estado de Missouri a California. Los jinetes a caballo hacían el viaje en solo diez días. Ese era el servicio expreso. ¡Un servicio muy rápido en aquel entonces!

La tecnología se ha usado para crear nuevas maneras de ir de un lugar a otro. La **tecnología** son todas las herramientas que usamos para facilitarnos la vida.

La tecnología ha ayudado al transporte de muchas maneras. Los barcos, trenes, carros, aviones y otros medios de transporte son ahora más seguros y más rápidos.

La tecnología siempre está cambiando. Hoy en día las personas pueden ir fácilmente a lugares que están muy lejos. Pueden hacer un viaje alrededor del mundo en unos cuantos días. Hay personas que han ido incluso al espacio. ¡El transporte ha cambiado mucho!

Salida: La Tierra

Llegada: La Luna

Resumen El transporte ha cambiado. La tecnología ha logrado que el transporte sea ahora mejor de lo que era en el pasado.

Repaso

❶ Reflexiona ¿Cómo ha cambiado el transporte con el tiempo?

❷ Vocabulario ¿Cómo la **tecnología** ha cambiado el transporte?

❸ Actividad Haz una tabla como la de la página 177, que muestre el transporte del pasado y del presente.

❹ Secuencia ¿Qué tipo de transporte se usó primero: el avión, el carro o la canoa?

Diferenciar hecho de ficción

Por qué es importante   Algunas historias son inventadas y otras tratan de cosas reales.

Aprende

Las historias sobre cosas reales son **no ficción**. Estas historias solo cuentan hechos. Un **hecho** es algo que es verdadero, no inventado.

Las historias que en su mayoría son inventadas son **ficción**. Algunas historias que son ficción tienen hechos que hacen que parezcan reales.

A veces subo.

A veces bajo.

190

Practica

1. Mira estos dos libros. Los dos muestran un tipo de transporte.

2. Mira las ilustraciones y las palabras de cada libro.

3. ¿Qué libro es ficción? ¿Cuál de los dos tiene solo hechos?

El Boeing 747 hizo su primer viaje en 1969. Este llevaba a casi 500 pasajeros a más de 500 millas por hora. El 747 puede permanecer en el aire por 17 horas y recorrer más de 8,000 millas. El propio avión es más largo que la distancia del primer vuelo de los hermanos Wright.

Aplica

Aplícalo   Busca un libro sobre el pasado. ¿Crees que es ficción o no ficción? ¿Cómo lo sabes?

Integridad

Respeto

Responsabilidad

Equidad

Bondad

Patriotismo

Neil Armstrong

Siendo niño, a Neil Armstrong le gustaban los aviones y volar. De adolescente, ganó dinero para pagar por lecciones de vuelo. Armstrong llegó a ser piloto de la Armada de Estados Unidos. En 1962, ingresó a NASA para aprender a ser astronauta.

La importancia del carácter

¿Cómo demostró Neil Armstrong su patriotismo?

Neil Armstrong fue la primera persona que caminó sobre la Luna.

Neil Armstrong plantó una bandera estadounidense en la Luna.

Armstrong fue al espacio por primera vez en 1966. Luego, en 1969, se convirtió en la primera persona que caminó sobre la Luna. Al poner el pie en la Luna dijo: "Este es un paso pequeño para un hombre, pero un salto gigantesco para la humanidad". Muchos en la Tierra observaron sus pasos. Armstrong puso una bandera estadounidense en la Luna.

APRENDE en línea

Visita **www.harcourtschool.com/ss1** para hallar más recursos en Internet.

Tiempos

| 1930 | | Presente |

Nace

1950 Se convierte en piloto de la armada de Estados Unidos

1969 Se convierte en la primera persona que camina sobre la Luna

Busca los cambios

El pasado

El presente

Aventuras en línea

APRENDE en línea

En este juego en inglés, acompaña a Eco a la biblioteca. Juntos pueden hacer un álbum de recortes en línea, sobre el pasado. Juega ahora en **www.harcourtschool.com/ss1**

Repaso y preparación para la prueba

La gran idea

El cambio Hoy en día las personas son iguales a las personas que vivían hace mucho tiempo de muchas maneras. Pero el modo de vida ha cambiado a través del tiempo.

Secuencia

Copia y completa la tabla para mostrar lo que aprendiste sobre cómo ha cambiado el transporte.

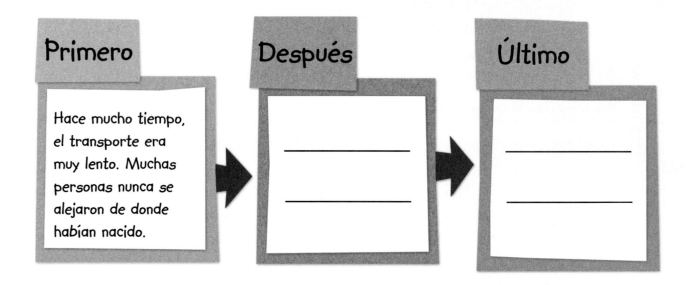

Primero	Después	Último
Hace mucho tiempo, el transporte era muy lento. Muchas personas nunca se alejaron de donde habían nacido.	_____ _____	_____ _____

Vocabulario

Preparación para la prueba

Llena los espacios en blanco con las palabras correctas.

Zack hizo una **1** para mostrar el orden en el que sucedieron las cosas en su pueblo. Aprendió cómo vivían en el **2**, o sea, el tiempo antes que el actual. Mostró cómo viven las personas ahora, en el **3**. Aprendió cómo pueden **4** o convertirse en algo diferente. Las personas ahora usan carros y no caballos. Los carros son un tipo de **5** que nos facilita la vida.

Banco de palabras

cambiar (pág. 170)

pasado (pág. 178)

presente (pág. 179)

línea cronológica (pág. 182)

tecnología (pág. 186)

Datos e ideas principales

Preparación para la prueba

6 ¿Cómo ha cambiado la comunicación con el tiempo?

7 ¿Cómo iban los niños a la escuela en el pasado?

8 ¿Qué cosa puede cambiar a una comunidad?

9 ¿Cuál de estos enunciados NO era verdad en el pasado?

    A Viven en comunidades. **C** Usan correo electrónico.

    B Juegan. **D** Van a la escuela.

10 ¿Qué ha hecho más seguro y más rápido al transporte?

    A la comunicación **C** las herramientas

    B el cambio **D** la tecnología

Razonamiento crítico

⑪ ¿Cómo podría cambiar nuestro mundo en el futuro?

⑫ **Aplícalo** ¿Cómo ha cambiado tu comunidad con el tiempo?

Destrezas

⑬ ¿Qué lado de la tabla muestra el transporte que usamos en el presente?

⑭ En el pasado, ¿volaban las personas en aviones grandes? ¿Cómo lo sabes?

⑮ ¿Cuándo viajaban las personas en veleros grandes?

⑯ ¿De qué lado de la tabla añadirías un transbordador espacial?

Transporte	
Pasado	Presente

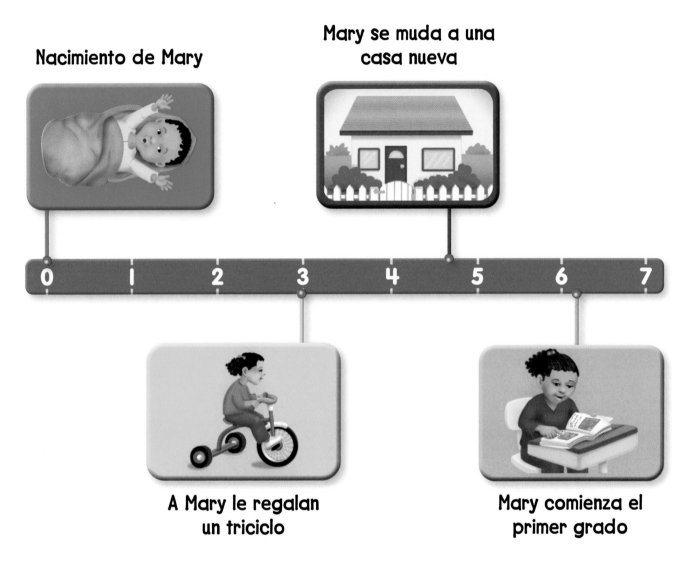

Nacimiento de Mary

Mary se muda a una casa nueva

A Mary le regalan un triciclo

Mary comienza el primer grado

⑰ ¿Qué muestra esta línea cronológica?

⑱ ¿Cuándo recibió Mary un triciclo?

⑲ ¿Qué sucedió cuando Mary tenía casi cinco años?

⑳ ¿Qué fue lo último que sucedió en esta línea cronológica?

Muestra lo que sabes

 ### Actividad de redacción

Comparte un recuerdo Todas las cosas cambian y las personas también. Piensa cuando eras más pequeño. ¿Cómo eras?

Escribe un cuento Escribe sobre algún recuerdo que tengas de cuando eras más pequeño.

 ### Proyecto de la unidad

Álbum de recortes del pasado y del presente Haz un álbum de recortes del pasado y del presente.

- Dibuja o busca ilustraciones del pasado y del presente.
- Pégalas en unas páginas.
- Muestra tu álbum de recortes.

Lecturas adicionales

Compass Point Books

Life Long Ago
por Janine Scott

Aladdin

The Keeping Quilt
por Patricia Polacco

Beltha Press Limited

Trains
por Neil Morris

APRENDE en línea

Visita **www.harcourtschool.com/ss1** para hallar más recursos en Internet.

Las personas que conocemos

La gran idea

Las personas

Aunque los americanos provienen de diferentes orígenes, comparten algunas creencias.

Reflexiona

✔ ¿Cómo han impactado en nuestra cultura los indios americanos?

✔ ¿Cómo han contribuido los inmigrantes a nuestra cultura?

✔ ¿Qué te pueden enseñar los cuentos tradicionales sobre las culturas?

✔ ¿Cómo celebran sus culturas las personas?

✔ ¿Cómo las familias satisfacen sus necesidades?

Las personas que conocemos

" Hace mucho tiempo, solo indios americanos vivían en Estados Unidos ".

"Las personas llegan de todas partes del mundo a vivir en Estados Unidos de América".

"Compartimos nuestra cultura de muchas maneras".

cultura   La forma de vida de un grupo. (página 210)

historia   El relato de lo que sucedió en el pasado. (página 212)

inmigrante Una persona de otra parte del mundo que llega a vivir a este país. (página 220)

rol El papel que juega una persona en un grupo al que pertenece. (página 239)

costumbre La manera en que un grupo hace algo. (página 233)

APRENDE **en línea**

Visita **www.harcourtschool.com/ss1** para hallar más recursos en Internet.

La lectura en los Estudios Sociales

★ Destreza clave

Comparar y contrastar

Por qué es importante Comparar y contrastar te pueden enseñar en qué se parecen y en qué se diferencian las cosas.

Aprende

● Comparas dos cosas pensando en qué se parecen.

● Contrastas dos cosas pensando en qué se diferencian.

Lee los párrafos.

Comparar
Contrastar

Mara y Rosa son buenas amigas. La familia de Mara es de Polonia. Ella habla polaco e inglés. La familia de Rosa es de México. Ella habla español e inglés.

A Mara y a Rosa les gusta jugar básquetbol pero les gustan comidas diferentes. A Mara le gusta una sopa polaca llamada chlodnik y a Rosa le gustan las tortillas, un pan mexicano.

Practica

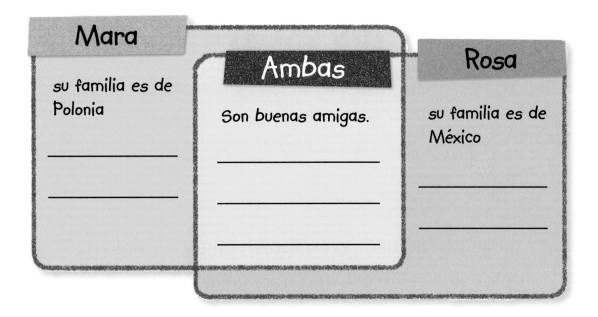

Mara	Ambas	Rosa
su familia es de Polonia	Son buenas amigas.	su familia es de México
_____	_____	_____
_____	_____	_____
	_____	

Esta tabla muestra en qué se parecen y en qué se diferencian Mara y Rosa. ¿Qué puedes añadir? Copia la tabla y complétala.

Aplica

Mientras lees, busca la manera de comparar y contrastar diferentes clases de personas.

Cómo se embellecieron los escarabajos

un cuento tradicional de Brasil
ilustrado por Christopher Corr

Hace mucho tiempo en Brasil, un escarabajo de color café se arrastraba hacia el río Amazonas. De repente, una paca pasó a su lado.

—Fuera de mi camino, Escarabajo —dijo el roedor rechoncho de color café y blanco—. Eres demasiado lento.

Un loro verde y amarillo había estado observando todo desde la rama de un árbol.

—Paca —dijo él—. ¿Cuál es el problema?

—Escarabajo está en mi camino —dijo Paca—.

—Lo siento —dijo Escarabajo—. Voy camino al río.

—Sí —dijo Paca—. Eres tan lento que nunca llegarás allí. Si fueras rápido como yo, llegarías en un abrir y cerrar de ojos.

A Loro no le gustaba cómo Paca se jactaba. —Vamos a hacer una carrera —dijo él—. El primero que llegue al río ganará un hermoso abrigo nuevo. Ahora, ¡en sus marcas, listos, fuera!

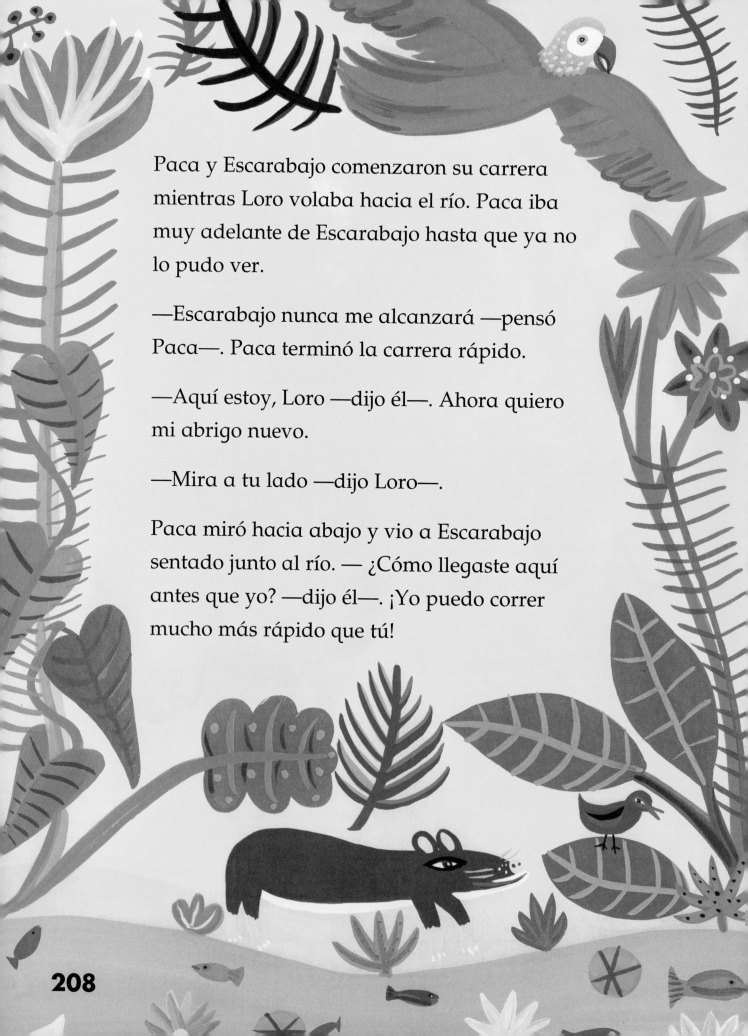

Paca y Escarabajo comenzaron su carrera mientras Loro volaba hacia el río. Paca iba muy adelante de Escarabajo hasta que ya no lo pudo ver.

—Escarabajo nunca me alcanzará —pensó Paca—. Paca terminó la carrera rápido.

—Aquí estoy, Loro —dijo él—. Ahora quiero mi abrigo nuevo.

—Mira a tu lado —dijo Loro—.

Paca miró hacia abajo y vio a Escarabajo sentado junto al río. — ¿Cómo llegaste aquí antes que yo? —dijo él—. ¡Yo puedo correr mucho más rápido que tú!

—Yo no corrí —dijo Escarabajo—. Yo volé.

—¡Ay, no! Olvidé que Escarabajo tenía alas —dijo Paca—.

—Sí. Estabas muy ocupado hablando de ti mismo para acordarte —dijo Loro—. Dime Escarabajo, ¿qué colores quieres que tenga tu abrigo nuevo?

—Verde y dorado, por favor —dijo Escarabajo.

Y, hasta este día, los escarabajos son hermosos. Las pacas todavía son rechonchas, pero un poco más agradables.

Responde

1. **Destreza clave** **Comparar y contrastar** ¿Quién es más rápido, Paca o Escarabajo?

2. **Aplícalo** ¿En qué se parece este cuento a otros cuentos tradicionales que conoces?

Los primeros americanos

Reflexiona
¿Cómo han impactado en nuestra cultura los indios americanos?

Vocabulario

cultura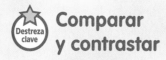

historia

lenguaje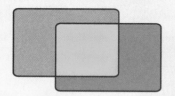

Comparar y contrastar
Destreza clave

Los primeros habitantes de América del Norte se conocen como indios americanos. Había muchos grupos diferentes y cada uno tenía su propia cultura.

Una **cultura** es la forma de vida de un grupo. Muchas cosas, como la comida, la ropa y el baile, forman parte de la cultura de un grupo.

los nez percé

El lugar donde vivía cada grupo afectaba su cultura. Algunos grupos de indios americanos cazaban para comer o pescaban. Otros cultivaban alimentos, como el maíz y la calabaza.

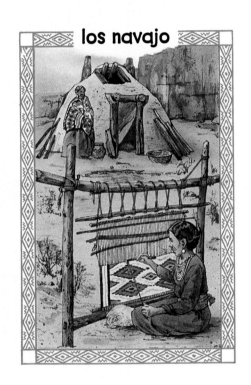

los navajo

los cherokee

los delaware

Estos niños escuchan a un indio americano que está contando historias de su pueblo. La **historia** es el relato de lo que sucedió en el pasado. Algunos relatos de la historia son mitos. Un mito es como un relato que explica por qué algo en la naturaleza es así.

Cada grupo de indios americanos tenía su propio **lenguaje**, o sea, su manera de hablar. Los indios americanos usaban el lenguaje para transmitir cuentos sobre su cultura. Sabemos sobre su historia mediante estos relatos que muchos indios americanos todavía cuentan hoy en día.

Datos breves

En Estados Unidos hay lugares con nombres que provienen de lenguajes de los indios americanos. El nombre de la ciudad de Hackensack en New Jersey, es una palabra india americana que significa "desembocadura de un río".

EST. 1693

Bienvenidos a

HACKENSACK

"Una ciudad en movimiento"

Los primeros pobladores que llegaron a nuestro país aprendieron mucho de los indios americanos. Los indios les enseñaron sobre las plantas y los animales de la tierra. Les enseñaron cómo cultivar y cocinar los nuevos alimentos y cómo hacer otras cosas que necesitaban.

 ¿Qué muestra este mapa sobre los indios americanos de cada lugar?

Los indios americanos tienen una larga historia en América del Norte. Muchos grupos todavía viven en Estados Unidos. Todavía honran sus culturas.

Tejedoras de cestas de los hupa

Resumen Los indios americanos ayudaron en el desarrollo de nuestro país. Compartieron sus culturas con los primeros pobladores.

Repaso

1. **Reflexiona** ¿Cómo han impactado en nuestra cultura los indios americanos?

2. **Vocabulario** ¿Cómo tu familia recuerda su **historia**?

3. **Redacción** Escribe dos oraciones que digan lo que aprendiste sobre las culturas indias americanas.

4. **Destreza clave** **Comparar y contrastar** Mira la artesanía india americana de la página 214. ¿En qué se parecen a las cosas que usas?

Seguir un organigrama

Por qué es importante   Un **organigrama** muestra los pasos necesarios para hacer algo.

Aprende

El título dice de qué trata el organigrama. Cada oración dice de un paso. Las flechas muestran el orden de los pasos.

Practica

❶ ¿Qué muestra este organigrama?

❷ ¿Qué hacían primero los chumash?

❸ ¿Qué hacían después de añadir agua al polvo de bellotas?

Aplica

Aplícalo   Piensa en algo que sabes hacer, como cepillarte tus dientes. Haz un organigrama que muestre a los demás cómo hacerlo.

Cómo hacían sopa de bellotas los chumash

1. Quítale las cáscaras a las bellotas.

2. Tritura las bellotas hasta convertirlas en polvo.

3. Añade agua al polvo de bellotas.

4. Pon piedras calientes en la sopa para cocinarla.

Destrezas con tablas y gráficas

Las personas hallan nuevos hogares

Reflexiona
¿Cómo han contribuido los inmigrantes a nuestra cultura?

Vocabulario
inmigrante
mundo

Comparar y contrastar

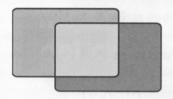

Anahat, Kweli, Juan y Yana hacen un álbum de recortes sobre sus familias. Todos son inmigrantes en Estados Unidos. Un **inmigrante** es una persona de otra parte del mundo que llega a vivir a este país. El **mundo** son todas las personas y los lugares de la Tierra.

Anahat es de la India.

Kweli es de Kenya.

Juan es de El Salvador.

Yana es de Rusia.

221

Las familias que llegan a Estados Unidos traen sus culturas y tradiciones y las comparten con los demás. Muchos tipos de alimentos, ropa y diversiones han llegado a este país gracias a los inmigrantes.

La familia de Anahat es dueña de un restaurante hindú.

La familia de Kweli vende arte africano.

Las personas de diferentes culturas viven y trabajan juntas en su comunidad. Aprender sobre los demás y compartir las culturas nos ayuda a llevarnos bien.

La mamá de Yana enseña ballet que aprendió en Rusia.

La abuela de Juan vende ropa que aprendió a hacer en El Salvador.

Durante muchos años la gente ha
llegado a Estados Unidos de otros lugares.
Algunos inmigrantes cruzaron el océano
desde países como Irlanda, Italia y China.
Otros llegaron por tierra desde Canadá
y México.

Isla Ellis

Un pasaporte ruso

Hoy en día, la gente sigue llegando a Estados Unidos. Las personas pueden mantener sus culturas cuando se mudan a nuestro país. También pueden compartir la cultura americana.

Resumen Los inmigrantes llegan a Estados Unidos de todas partes del mundo. Sus culturas ayudan a que nuestro país cambie y crezca.

Repaso

1. **Reflexiona** ¿Cómo han contribuido los inmigrantes a nuestra cultura?

2. **Vocabulario** ¿Qué es el **mundo**?

3. **Actividad** ¿En qué países vivieron tus familiares antes de llegar a Estados Unidos? Marca los lugares en un globo terráqueo o en un mapa.

4. **Destreza clave** **Comparar y contrastar** ¿En qué se parecen a ti, Anahat, Kweli, Juan y Yana? ¿En qué se diferencian?

225

Puntos de vista

¿Qué opinas?

¿Qué es lo que más te gusta de tener muchas culturas en tu comunidad?

David

"Puedo probar comida de muchos países en los restaurantes de mi comunidad".

Sr. Fernández

"Nos gusta aprender sobre otras culturas en los festivales de nuestra comunidad".

Datos del pasado

Robert C. Weaver: Muchas culturas

Estados Unidos aprobó una ley en que las personas de todas las culturas tienen el derecho de vivir en cualquier comunidad. Robert C. Weaver trabajó para hacer cumplir esta nueva ley.

Sra. Martínez

Sr. Peters

"La dueña de la panadería de mi vecindario me está enseñando unas palabras en francés".

"Los artistas de diferentes culturas hacen murales para que las personas de la comunidad los disfruten".

Kelsey

"¡Me encanta escuchar la música típica que tocan los músicos en las calles!".

Es tu turno

- ¿Qué culturas tienes en tu comunidad?
- ¿Cómo las diferentes culturas hacen interesante tu comunidad?

Expresar la cultura

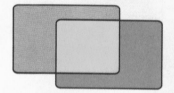
Cada cultura tiene cuentos tradicionales. Un **cuento tradicional** es una historia que se transmite de persona a persona. Los cuentos tradicionales pueden relatar sobre la cultura de un pueblo, los lugares donde vive y sus creencias.

Los cuentos tradicionales pueden contar sobre la naturaleza.

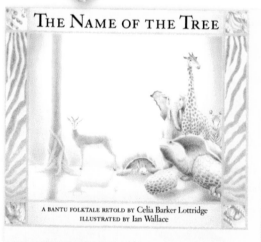

THE NAME OF THE TREE

A BANTU FOLKTALE RETOLD BY Celia Barker Lottridge
ILLUSTRATED BY Ian Wallace

Los cuentos tradicionales nos pueden enseñar lecciones y ayudarnos a conocer las creencias de otras personas. Los cuentos tradicionales también nos pueden enseñar que las culturas tienen diferentes religiones. Una **religión** es una creencia en un dios o dioses.

Los cuentos tradicionales pueden enseñar lecciones.

Los cuentos tradicionales pueden enseñar creencias.

One Grain of Rice
Demi
A MATHEMATICAL FOLKTALE

Chanukah in Chelm
David A. Adler • Kevin O'Malley

Las palabras, ilustraciones, bailes y otras artes se usan para relatar estos cuentos. La mayoría de los cuentos tradicionales se relataron durante muchos, muchos años antes de que se escribieran en papel.

Colcha con una historia vietnamita

Marionetas mexicanas

Bailadoras hawaianas

Resumen Las personas comparten sus culturas mediante cuentos tradicionales. Estos cuentos pueden relatar las creencias de una cultura.

Repaso

1. **Reflexiona** ¿Qué te pueden enseñar los cuentos tradicionales sobre las culturas?

2. **Vocabulario** ¿Qué es una **religión**?

3. **Actividad** Representa un cuento tradicional que trate sobre una cultura que sea diferente a la tuya.

4. **Destreza clave** **Comparar y contrastar** Lee o escucha dos cuentos de diferentes culturas. ¿En qué se parecen y en qué se diferencian los cuentos?

231

 Reflexiona
¿Cómo celebran sus culturas las personas?

Vocabulario
celebración
costumbre

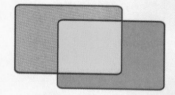 **Comparar y contrastar**

Compartir celebraciones

En la cultura de Li, la celebración del Año Nuevo Chino dura 15 días. Una **celebración** es un tiempo para estar feliz por algo especial.

Cada día del Año Nuevo Chino tiene una **costumbre** diferente, o sea, una manera de hacer algo. Es una costumbre celebrar la última noche del Año Nuevo Chino con un Festival de linternas.

Li no creció en China. Él aprende sobre la cultura china con las celebraciones y costumbres de su familia y su comunidad.

La familia de Anita es de México. El 5 de mayo de cada año celebra el Cinco de Mayo. Esta es una celebración para honrar a México.

Hay muchas celebraciones diferentes en nuestro país. Cada cultura está orgullosa de sus costumbres. Compartir celebraciones especiales nos ayuda a aprender más sobre cada uno.

Los niños de todo el mundo comparten celebraciones de cumpleaños con amigos y la familia.

Resumen Las personas celebran ocasiones especiales. Compartimos las costumbres de nuestra cultura cuando celebramos con los demás.

Repaso

1. **Reflexiona** ¿Cómo celebran sus culturas las personas?

2. **Vocabulario** ¿Cuál es una **celebración** que compartes con tu familia?

3. **Actividad** Haz un collage sobre culturas. Muestra diferentes costumbres y celebraciones.

4. **Comparar y contrastar** ¿En qué se parecen la celebración del Año Nuevo Chino y la del Año Nuevo en Estados Unidos? ¿En qué se diferencian?

Seguir una ruta

Por qué es importante   Una **ruta** en un mapa muestra cómo ir de un lugar a otro.

Aprende

En muchas comunidades las personas comparten sus culturas mediante desfiles. Este mapa muestra la ruta de un desfile en una comunidad.

Practica

1 ¿Cómo se muestra la ruta del desfile?

2 ¿Qué dirección seguirá el desfile en la Primera Avenida?

3 ¿Por dónde pasará el desfile en la Calle Rosa?

4 ¿Dónde comienza y termina la ruta del desfile?

Aplica

Aplícalo   Haz un mapa de tu comunidad. Muestra la ruta que tomas desde tu casa hasta la escuela.

Ruta del desfile

Calle Rosa

Calle Margarita

Calle Tulipán

Primera Avenida

Segunda Avenida

Tercera Avenida

Cuarta Avenida

Clave del mapa

- - ▶ Ruta del desfile

● Salida del desfile

● Destino del desfile

🏛 Banco

⛪ Ayuntamiento

🏠 Casas

🏢 Oficinas

🌳 Parque

📮 Correo

🏫 Escuela

🏬 Tiendas

N
O E
S

Visita **www.harcourtschool.com/ss1** para hallar actividades en Internet.

5 Las familias del mundo

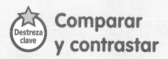

Reflexiona
¿Cómo las familias satisfacen sus necesidades?

Vocabulario
rol

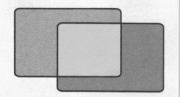

Comparar y contrastar

Las personas del mundo se parecen de muchas maneras. Pertenecen a grupos, como su familia, su escuela y su comunidad.

Cada persona en una familia tiene un rol.
Un **rol** es la parte que juega una persona en
un grupo al que pertenece. Los familiares se
cuidan entre sí.

Sudáfrica

Japón

Las familias de todo el mundo tienen las mismas necesidades de alimento, ropa y refugio. Algunas satisfacen sus necesidades de la misma manera que lo hace tu familia y otras de diferente manera.

Mongolia

Argelia

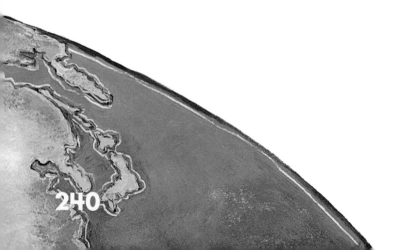

Resumen Las familias del mundo satisfacen sus necesidades de diferentes maneras.

Repaso

1. **Reflexiona** ¿Cómo las familias satisfacen sus necesidades?

2. **Vocabulario** ¿Qué es un **rol**?

3. **Redacción** Escribe unas oraciones sobre tu rol en tu familia, tu escuela y tu comunidad.

4. (Destreza clave) **Comparar y contrastar** Mira a las familias de esta lección. ¿En qué se parecen a tu familia? ¿En qué se diferencian?

Cómo 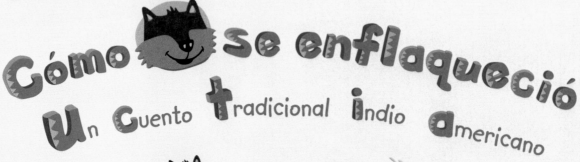 se enflaqueció

Un Cuento Tradicional Indio Americano

Coyote   **Estrella nocturna**

Una noche, el gordo 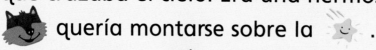 vio una luz brillante que cruzaba el cielo. Era una hermosa ✶ .

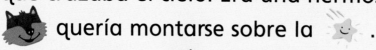 quería montarse sobre la ✶ .

Cada noche, le pedía a ✶ que si podía llevarlo a pasear.

Cada noche, ✶ decía, —No, yo voy muy rápido.

Una noche, ✶ se cansó de oír a .

—Súbete en mi espalda— le dijo ✶ .

 se subió. ✶ iba muy rápido. no se podía sostener.

Se cayó a la 🌐 . Se golpeó tan duro que se aplastó como una 🥞 . Así es como enflaqueció.

Emparejar palabras

Empareja cada dibujo con la palabra correcta.

historia

celebración

cuento tradicional

globo terráqueo

Aventuras en línea

APRENDE en línea

¡Ya llegó la feria cultural! En este juego en inglés, ayudarás a Eco a explorar los juegos y las atracciones en línea. Juega ya en www.harcourtschool.com/ss1

Repaso y preparación para la prueba

 La gran idea

Las personas Aunque los americanos provienen de diferentes orígenes, comparten algunas creencias.

(Destreza clave) Comparar y contrastar

Copia y completa la tabla para comparar y contrastar a los indios americanos y los inmigrantes.

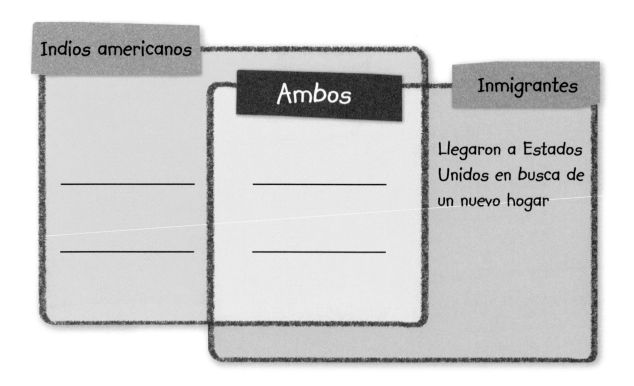

Indios americanos

_____

_____

Ambos

_____

_____

Inmigrantes

Llegaron a Estados Unidos en busca de un nuevo hogar

 # Vocabulario

Da otro ejemplo para explicar cada palabra.

	Palabras	Ejemplos	
①	cultura (pág. 210)	forma de vida de los indios americanos	
②	historia (pág. 212)	los americanos libraron una guerra por la libertad	
③	inmigrante (pág. 220)	una persona que se muda de Alemania a América	
④	costumbre (pág. 233)	baile del dragón chino	
⑤	rol (pág. 239)	lanzador de equipo de softball	

Datos e ideas principales

⑥ ¿Quiénes fueron los primeros habitantes de América del Norte?

⑦ ¿De dónde provienen los inmigrantes?

⑧ ¿Qué es un cuento tradicional?

⑨ ¿Qué cultura celebra el Año Nuevo durante 15 días?

    A alemana   **C** mexicana

    B china   **D** americana

⑩ ¿Cuál NO es una necesidad que tienen las familias?

    A alimento   **C** ropa

    B refugio   **D** bicicletas

Razonamiento crítico

⓫ ¿En qué se parecen los inmigrantes de hoy en día a los primeros pobladores? ¿En qué se diferencian?

⓬ **Aplícalo** ¿Cómo celebra tu familia su cultura?

Destrezas

Cómo hacer una linterna china

❶ Dobla un pedazo de papel por la mitad. Haz cortes pequeños a lo largo del doblez.

❷ Desdobla el papel y pégalo por los bordes.

❸ Pega una tira de papel de un extremo al otro para hacer una asa.

⓭ ¿Qué muestra este organigrama?

⓮ ¿Cuántos pasos hay en este organigrama?

⓯ ¿Cuál es el primer paso?

⓰ ¿Cuál es el último paso?

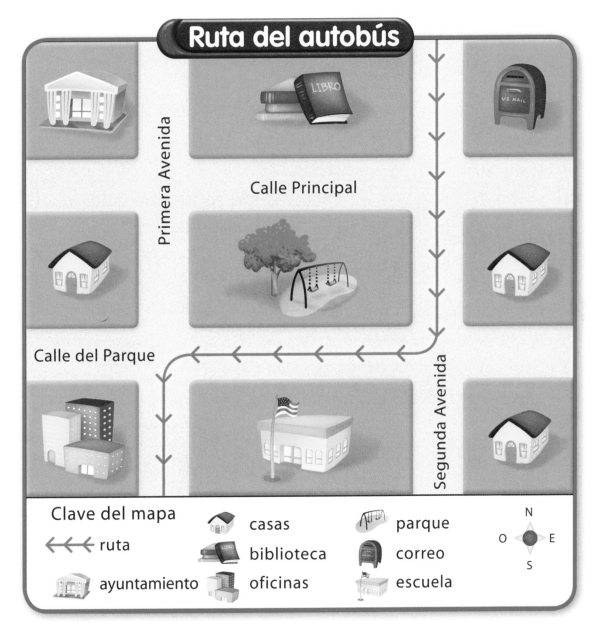

Destrezas

Ruta del autobús

Primera Avenida

Calle Principal

Calle del Parque

Segunda Avenida

Clave del mapa

←←← ruta

casas

ayuntamiento

biblioteca

oficinas

parque

correo

escuela

N
O · E
S

⑰ ¿Podrías tomar este autobús para ir del ayuntamiento a la escuela?

⑱ ¿Qué dirección sigue la ruta en la Calle del Parque?

⑲ ¿Por dónde pasará la ruta en la Primera Avenida?

⑳ ¿Podrías tomar este autobús para ir de la biblioteca a las oficinas?

Unidad

5

Actividades

Muestra lo que sabes

 Actividad de redacción

Compara culturas Piensa en tu cultura y en otra.

Escribe un párrafo Escribe sobre las semejanzas y diferencias de las dos culturas.

 Proyecto de la unidad

Feria cultural Planifica una feria cultural.

- Investiga sobre una cultura de tu comunidad.
- Haz un quiosco con actividades y exhibiciones.
- Realiza la feria.

Lecturas adicionales

Families
por Ann Morris

How Chipmunk Got His Stripes
por Joseph Bruchac

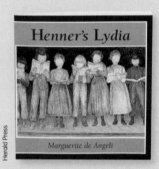

Henner's Lydia
por Marguerite De Angeli

APRENDE **en línea**
Visita **www.harcourtschool.com/ss1** para hallar más recursos en Internet.

248

El mercado

QUINCY MARKET

La gran idea

Los mercados

Las personas intercambian bienes y servicios unas con otras. Toman decisiones sobre cómo gastar su dinero.

Reflexiona

✓ ¿Por qué son importantes los bienes y servicios?

✓ ¿Qué tipos de trabajos hacen las personas?

✓ ¿Por qué las personas compran y venden?

✓ ¿Cómo se hacen los bienes en una fábrica?

Habla sobre
los mercados

"Puedes intercambiar dinero por bienes y servicios que quieras comprar".

"Las personas hacen muchos tipos de trabajos para ganar dinero".

"En las fábricas se hacen muchos bienes que compras".

249

vocabulario

bienes Cosas que las personas hacen o cultivan para vender. (página 260)

servicios Tipos de trabajos que hacen las personas para los demás por dinero.

(página 262)

intercambiar Dar una cosa para recibir otra. (página 282)

mercado Un lugar donde las personas compran y venden bienes. (página 280)

fábrica Un edificio en el que las personas usan máquinas para hacer bienes. (página 290)

APRENDE
en
línea

Visita **www.harcourtschool.com/ss1** para hallar más recursos en Internet.

La lectura en los Estudios Sociales

 Destreza clave

Recordar y contar

Por qué es importante Recordar y contar te puede ayudar a poner información en tus propias palabras.

Aprende

● Recordar es acordarse de algo.

● Contar es decir algo en tus propias palabras.

Lee los párrafos.

El Sr. Carson sale a trabajar todas las mañanas y no regresa en todo el día.

Recordar Él puso este aviso en el periódico local.

SE BUSCA: Persona para ayudar con labores caseras. Le deben gustar los perros.

Practica

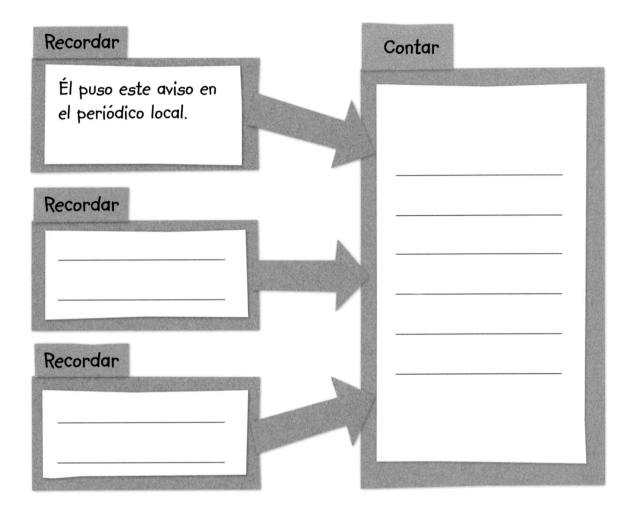

Recordar

Él puso este aviso en el periódico local.

Recordar

_____

_____

Recordar

_____

_____

Contar

_____

_____

_____

_____

_____

_____

_____

Usa esta tabla para escribir los detalles que recuerdas de lo que acabas de leer. Luego, cuenta lo que leíste en tus propias palabras. Copia la tabla y complétala.

Aplica

Mientras lees, haz una pausa para recordar y contar lo que leíste.

UNA TARDE

por Yumi Heo

A Minho le gustaba hacer mandados con su mamá. Una tarde, fueron a la lavandería para dejar la ropa y luego ir a la peluquería para que su mamá se cortara el cabello.

Había mucho tráfico en la calle por una construcción. Un camión de bomberos trató de pasar. Por arriba pasaba "El Train".

Cerca del apartamento de Minho,
los niños jugaban pelota. Minho
y su mamá muy felices estaban de
regresar a la calma de su casa.

Minho cansado estaba y dormido se quedó en el sofá. Pero, desde el baño… un ¡Plin!

Responde

1. ⭐ **Recordar y contar** ¿Qué servicios usaron Minho y su mamá?

2. **Aplícalo** Escribe sobre los tipos de bienes y servicios que usa tu familia en la comunidad.

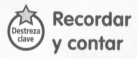

Vocabulario
bienes
servicios
dinero

Destreza clave
Recordar y contar

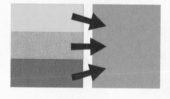

Bienes y servicios

Las comunidades tienen muchos trabajadores. Algunos trabajadores hacen bienes. Los **bienes** son cosas que las personas hacen o cultivan para vender.

Algunos trabajadores venden bienes.
Las personas pueden comprar bienes en las
tiendas. Las comunidades tienen muchos
tipos de tiendas donde se venden muchos
tipos de bienes.

Algunos trabajadores venden servicios. Los **servicios** son tipos de trabajo que hacen las personas para los demás por dinero. El **dinero** es lo que las personas usan para pagar por bienes y servicios. Usamos muchos tipos de servicios en la comunidad.

Cartero

Peluquera

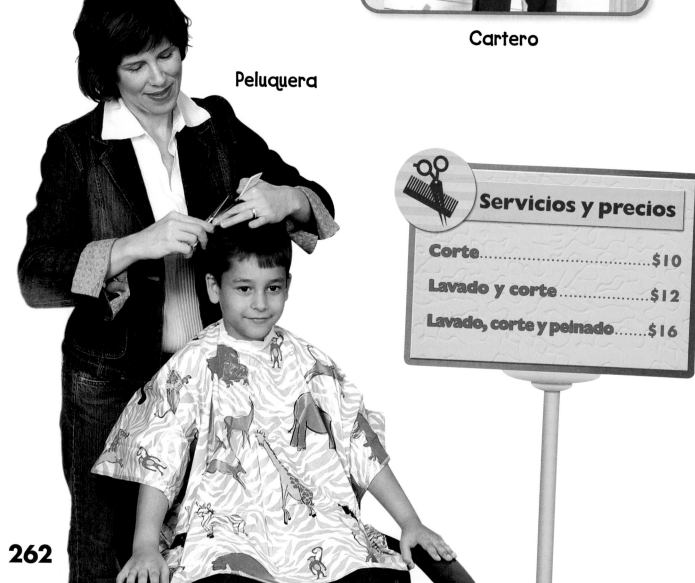

Servicios y precios

Corte...$10

Lavado y corte...................$12

Lavado, corte y peinado........$16

Veterinaria

Chofer de autobús

Resumen Muchas personas trabajan vendiendo bienes o servicios. Las personas usan dinero para comprar bienes y servicios.

Repaso

1 **Reflexiona** ¿Por qué son importantes los bienes y servicios?

2 **Vocabulario** ¿Qué es el **dinero**?

3 **Redacción** Escribe una oración sobre una ocasión en que usaste un servicio.

4 **Destreza clave** **Recordar y contar** ¿Dónde pueden comprar bienes las personas?

Leer un pictograma

Por qué es importante   Un **pictograma** usa ilustraciones para mostrar cuántas cosas hay de algo.

Aprende

El título te indica de qué trata un pictograma. La clave te indica qué representa cada ilustración.

Observa cada hilera de izquierda a derecha. Cuenta para ver cuántas cestas de cada tipo de manzanas se vendieron.

Practica

❶ ¿De qué tipo de manzanas se vendieron más cestas?

❷ ¿Se vendieron más cestas de manzanas rojas o amarillas?

❸ ¿De qué tipo de manzanas se vendieron menos cestas?

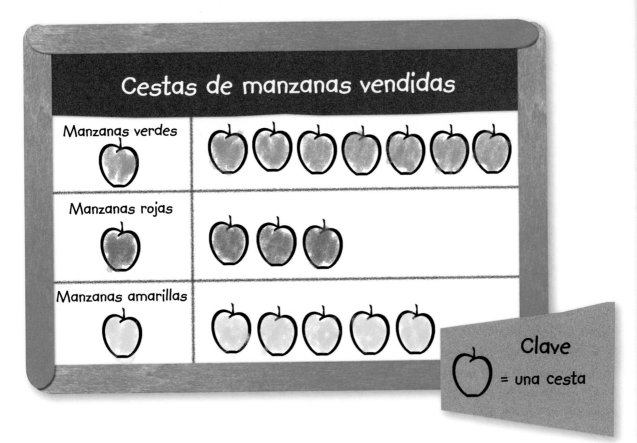

Cestas de manzanas vendidas

Manzanas verdes	🍎🍎🍎🍎🍎🍎🍎
Manzanas rojas	🍎🍎🍎
Manzanas amarillas	🍎🍎🍎🍎🍎

Clave
🍎 = una cesta

Aplica

Aplícalo   Haz un pictograma. Muestra qué tipo de manzanas les gusta más a la mayoría de los niños de tu clase.

APRENDE
en línea

Visita **www.harcourtschool.com/ss1** para hallar actividades en Internet.

Puntos de vista

¿Qué opinas?
¿Qué bienes y servicios son importantes para tu familia?

Srta. Clark

"Las frutas y los vegetales son bienes importantes. Cuando los comemos nos mantenemos saludables".

Louis

"Los choferes de autobuses prestan un servicio importante. Ayudan a las personas a llegar a tiempo al trabajo y la escuela".

Datos del pasado

Rosie la remachadora

"Rosie la remachadora" fue el nombre de una mujer que se usó en un cartel en la Segunda Guerra Mundial. Ella representó a todas las mujeres que ayudaron a Estados Unidos en la guerra.

Megan

"Los libros son bienes importantes. Me ayudan a aprender cosas nuevas".

Sr. Winslow

"Los constructores prestan un servicio importante. Construyen casas donde viven las personas".

James

"Los trabajadores de sanidad prestan un servicio importante. Se llevan la basura de nuestras casas y la ponen en un lugar seguro".

Es tu turno

- ¿Qué tipos de bienes son importantes para ti?
- ¿Qué trabajo te gustaría hacer algún día?

¡Lo podemos hacer!

Trabajos que hacen las personas

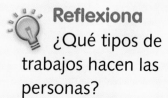

Reflexiona
¿Qué tipos de trabajos hacen las personas?

Vocabulario

trabajo

negocio

voluntario

Recordar y contar

La Sra. Brown tiene un trabajo en su comunidad. Un **trabajo** es lo que hace una persona para ganar dinero. La Sra. Brown también hace su trabajo porque le gusta.

La Sra. Brown es dueña de un negocio. En un **negocio**, las personas venden bienes o servicios. El negocio de la Sra. Brown vende un servicio. Este servicio ayuda a las personas a conseguir trabajos.

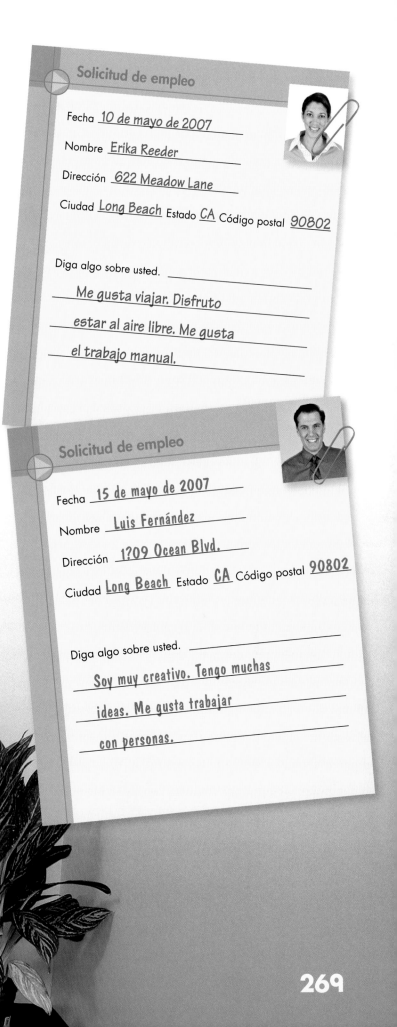

Solicitud de empleo

Fecha __10 de mayo de 2007__

Nombre __Erika Reeder__

Dirección __622 Meadow Lane__

Ciudad __Long Beach__ Estado __CA__ Código postal __90802__

Diga algo sobre usted. _____
__Me gusta viajar. Disfruto__
__estar al aire libre. Me gusta__
__el trabajo manual.__

Solicitud de empleo

Fecha __15 de mayo de 2007__

Nombre __Luis Fernández__

Dirección __1?09 Ocean Blvd.__

Ciudad __Long Beach__ Estado __CA__ Código postal __90802__

Diga algo sobre usted. _____
__Soy muy creativo. Tengo muchas__
__ideas. Me gusta trabajar__
__con personas.__

Hay muchos tipos de trabajos. Muchas personas trabajan haciendo bienes y otras trabajan llevando bienes adonde se necesitan. La Sra. Brown ayudó a la Srta. Reeder a conseguir un trabajo de camionera para llevar bienes a las tiendas.

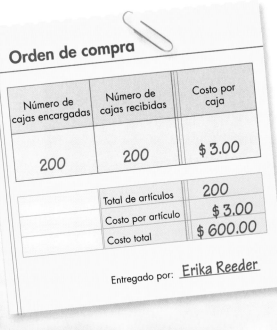

Orden de compra

Número de cajas encargadas	Número de cajas recibidas	Costo por caja
200	200	$ 3.00

	Total de artículos	200
	Costo por artículo	$ 3.00
	Costo total	$ 600.00

Entregado por: <u>Erika Reeder</u>

Muchas personas hacen trabajos que ayudan a vender bienes. La Sra. Brown le consiguió un trabajo al Sr. Fernández escribiendo anuncios. Sus anuncios indican por qué las personas deben comprar ciertos bienes.

Los niños en la historia

Addie Laird

Addie Laird era una niña que trabajaba en una fábrica. Muchos niños trabajaban en fábricas hace mucho tiempo. Trabajaban arduamente todo el día y las máquinas de la fábrica no eran seguras. Las personas quisieron cambiar la ley cuando vieron esta foto de Addie. Ahora, el trabajo de un niño es aprender en la escuela.

271

Algunas personas trabajan cuidando de sus casas y de las personas que viven allí. Muchas personas también trabajan para otros en sus propias casas. El Sr. Parker da clases de piano. La Sra. Brown lleva a su hija a la casa del Sr. Parker.

El sábado, la Sra. Brown le lleva comida a las personas que lo necesitan. Ese día, ella es una voluntaria. Un **voluntario** trabaja sin cobrar salario para ayudar a las personas.

Resumen Hay muchos tipos de trabajos que pueden hacer las personas para ganar dinero. Las personas también pueden servir como voluntarias para ayudar a los demás.

Repaso

① **Reflexiona** ¿Qué tipos de trabajos hacen las personas?

② **Vocabulario** ¿Qué tipo de **negocio** te gustaría tener?

③ **Actividad** Disfrázate para representar un trabajo que te gustaría hacer.

④ **Recordar y contar** ¿Qué hace la Sra. Brown para ganar dinero?

Anticipar y preguntar

Por qué es importante   Las nuevas ideas son más fáciles de comprender cuando escribes lo que has aprendido. Una tabla de S-QS-A te ayuda a escribir datos importantes antes y después de leer.

Aprende

La siguiente tabla de S-QS-A te muestra un poco de información sobre el trabajo. Copia la tabla.

- ¿Qué sabes sobre el trabajo?

- ¿Qué te gustaría saber sobre el trabajo?

Tabla de S-QS-A		
Sé	Quiero saber	Aprendí
Trabajamos para ganar dinero.	¿Dónde trabajamos?	

Practica

Lee el párrafo. Escribe un dato nuevo que aprendiste.

El lugar donde trabaja una persona depende del trabajo que haga. Las personas trabajan en oficinas, tiendas, restaurantes y otros lugares. Algunas personas trabajan en granjas y otras en hospitales. Otras hacen bienes o servicios en la casa.

Aplica

Haz una tabla de S-QS-A sobre los compradores y vendedores. Mientras lees la siguiente lección, añade datos a la tabla.

Integridad

Respeto

Responsabilidad

Equidad

Bondad

Patriotismo

La importancia del carácter

✎ ¿Cómo ayudó César Chávez a los trabajadores agrícolas a recibir un trato justo?

César Chávez formó un grupo para ayudar a los trabajadores que ahora se llama Sindicato de Trabajadores Agrícolas de América.

César Chávez

César Chávez sabía cómo era la vida de un trabajador agrícola. Cuando era niño, él y su familia tuvieron que dejar su granja en Arizona. Tenían que viajar todo el tiempo para trabajar en los campos de los demás. El trabajo era arduo, trabajaban muchas horas y les pagaban poco. No trataban bien a los trabajadores. César Chávez se dio cuenta de que esto no era justo.

César Chávez hablaba por todas partes con las personas sobre los derechos de los trabajadores agrícolas.

En 1962, César Chávez formó un sindicato, o sea, un grupo de muchos trabajadores. El sindicato inició una huelga. En una huelga, las personas no trabajan hasta que los traten con equidad. Los trabajadores querían mejor salario y atención médica. César Chávez trabajó toda su vida para asegurarse de que se tratara con equidad a las personas.

APRENDE en línea

Visita **www.harcourtschool.com/ss1** para hallar más recursos en Internet.

Tiempos

1927		1993
Nace		Muere

1962 Funda un sindicato de trabajadores agrícolas

1992 El Sindicato de Trabajadores Agrícolas de América logra mejor salario para los trabajadores

Ayudar a los demás

Los voluntarios trabajan sin salario para ayudar a las personas. Los niños también pueden servir como voluntarios. Pueden unirse a un grupo que haga proyectos para ayudar a las personas.

Un grupo que se llama Comida sobre ruedas en New York, ayuda a los ancianos. Este grupo reparte comida y otros artículos a las personas mayores. Cada año, los niños escolares de toda la ciudad sirven como voluntarios en este grupo.

Los niños hacen tarjetas para los días de fiesta para los ancianos. Dibujan y escriben un mensaje en cada una. Luego, se reparten las tarjetas a las casas de los ancianos.

¡En un año, los niños de New York hicieron más de 20,000 tarjetas! Las personas mayores disfrutan al recibir tarjetas hechas a mano por los niños.

Hay muchos otros grupos en los que los niños pueden servir como voluntarios. Algunos de estos grupos son Club de Cuidados para Niños, Servicio Voluntario Juvenil de América y Unidad de Jóvenes Voluntarios de América.

Aplícalo ¿Cómo podrías ayudar a las personas mayores de tu comunidad?

Las tarjetas se reparten a las casas de los ancianos.

279

Reflexiona
¿Por qué las personas compran y venden?

Vocabulario
mercado
intercambiar
ahorrar

Recordar y contar

Destreza clave

Compradores y vendedores

La comunidad de Amy tiene un mercado grande al aire libre. Un **mercado** es un lugar donde las personas compran y venden bienes.

Refrescos

Quiosco de bonsai

Amy tiene dinero para gastar en el mercado. Ella va a comprar un regalo para su abuela. Amy se da cuenta que hay muchas opciones de qué comprar y dónde. Ella pensará en un regalo que le guste más a su abuela y también pensará en cuánto puede gastar.

Los compradores intercambian con los vendedores para obtener los bienes y servicios que desean. Al **intercambiar**, las personas dan una cosa para recibir otra. Amy va a intercambiar parte de su dinero para obtener un regalo para su abuela.

Las flores de López

Cómo se mueve el dinero

El dinero se mueve de una persona a otra a medida que las personas compran y venden bienes y servicios.

① Amy gana dinero vendiendo limonada.

② Amy compra un regalo del Sr. López.

③ El Sr. López le paga al Sr. Harris por arreglar su carro.

④ El Sr. Harris compra limonada.

Amy no gasta todo su dinero a la vez.
Ella gasta una parte, pero también ahorra
un poco. **Ahorrar** significa guardar un poco
de dinero para usarlo después. La mayoría
de las personas pone su dinero en un banco.
Un banco es un negocio que mantiene
seguro el dinero.

" Una moneda de 1¢ que se ahorra es una moneda de 1¢ que se gana ".

—Benjamin Franklin

Resumen Los compradores intercambian dinero por bienes y servicios con los vendedores. Las personas ahorran dinero para usarlo después.

Repaso

1. **Reflexiona** ¿Por qué las personas compran y venden?

2. **Vocabulario** ¿Qué hacen las personas en un **mercado**?

3. **Redacción** Haz una lista de compras. Di dónde irías a comprar los bienes de tu lista.

4. **Destreza clave** **Recordar y contar** ¿Por qué es Amy tanto una vendedora como una compradora?

285

Decidir cuando compras

Por qué es importante   Algunas cosas son escasas. Cuando algo es **escaso**, significa que no hay suficiente para satisfacer los deseos de todos. Los **deseos** son cosas que les gustaría tener a las personas. Las personas no pueden comprar todo lo que desean y deben tomar decisiones.

Aprende

Cuando tomas una decisión, renuncias a algunas cosas para obtener otras que deseas. Sigue estos pasos para tomar una buena decisión.

1 Pregúntate si quieres esta cosa más que otras.

2 Piensa en lo que tendrías que renunciar para tener esta cosa.

3 Decide.

Practica

① Observa las ilustraciones. Piensa en lo que te gustaría comprar.

② Sigue los pasos para tomar una decisión.

③ Di qué decisión tomarías y por qué.

Aplica

Aplícalo Piensa en dos cosas que desearías tener. Di cómo decidirías entre las dos cosas.

Excursión

http://www.harcourtschool.com/ss1

Descúbrelo

El mercado de agricultores Royal Oak se fundó en 1925 en las afueras de Detroit, Michigan. Hoy en día, muchas personas van a este mercado a comprar frutas y vegetales cultivados localmente. Las personas también van al mercado de las pulgas que se lleva a cabo allí cada domingo.

Ubícalo

Estados Unidos

Royal Oak, Michigan

Mercado de agricultores Royal Oak

Los compradores pueden elegir de muchas frutas y vegetales que se venden en el mercado de agricultores.

Algunas personas van al mercado a comprar plantas y flores.

En el mercado de las pulgas, los compradores pueden hallar muebles, joyas y muchos otros artículos.

Durante el otoño, las familias buscan la calabaza perfecta.

El mercado de agricultores
Royal Oak
Todo de la granja, del huerto y del invernadero

Un paseo virtual

APRENDE en línea Visita **www.harcourtschool.com/ss1** para hallar más recursos en Internet.

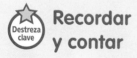
Trabajar en una fábrica

Reflexiona
¿Cómo se hacen los bienes en una fábrica?

Vocabulario
fábrica

Destreza clave

Recordar y contar

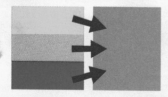

Usamos crayolas en la escuela y en la casa para dibujar. ¿Alguna vez te has preguntado cómo se hacen las crayolas?

Las crayolas se hacen en una fábrica. Una **fábrica** es un edificio en el que las personas usan máquinas para hacer bienes.

Fabricación

290

Muchas personas trabajan en una fábrica de crayolas. Los trabajadores hacen diferentes trabajos. Algunas personas trabajan en las oficinas para tomar pedidos o para administrar la fábrica. Otras trabajan para hacer las crayolas, empacarlas y enviarlas a las tiendas. Luego, los vendedores de las tiendas venden las crayolas.

Empaquetado

Transporte

Cómo se hacen las crayolas

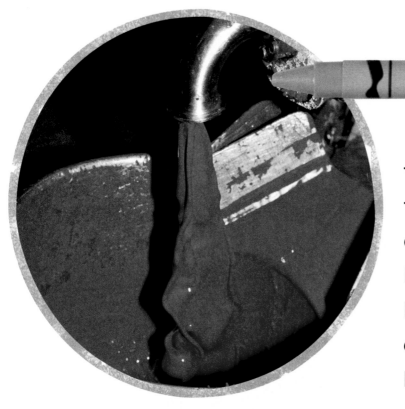

Paso 1

Primero, los trabajadores de la fábrica mezclan la cera caliente y derretida, y los colorantes. La cera les dará la forma a las crayolas. Los colorantes les darán sus colores.

Paso 2

Después, los trabajadores echan la cera de colores caliente en moldes para dar forma a las crayolas.

292

Paso 3

Luego, se enfrían los moldes con agua para que se endurezcan las crayolas.

Paso 4

Los trabajadores miran las crayolas después de que las sacan de los moldes para asegurarse de que las crayolas estén bien hechas.

Paso 5

En otra parte de la fábrica, los trabajadores usan máquinas para hacer rótulos y pegarlos a las crayolas.

Paso 6

Otros trabajadores ponen las crayolas en cajas de diferentes tamaños. Luego, las cajas se empaquetan y se llevan a las tiendas.

Las crayolas van a lugares de todo el mundo. Tus crayolas pasaron de la fábrica a una tienda y luego a tu escuela.

Cada crayola tiene un rótulo que indica su color. Estos rótulos se hacen en 12 lenguajes diferentes. ¿Por qué crees que los rótulos se hacen en tantos lenguajes diferentes?

azul

grün

rouge

きいろ

Resumen Una fábrica es un edificio en el que muchas personas usan máquinas para hacer bienes. Las personas de una fábrica tienen diferentes trabajos.

Repaso

1 **Reflexiona** ¿Cómo se hacen los bienes en una fábrica?

2 **Vocabulario** ¿En qué se diferencia una **fábrica** de un mercado?

3 **Actividad** Inventa una idea para una máquina que hace algo que usas en el salón de clases. Identifica sus partes.

4 **Recordar y contar** ¿Cómo obtienen su forma las crayolas?

Usar una gráfica de barras

Por qué es importante Una <mark>gráfica de barras</mark> usa barras para mostrar cuántas cosas hay. Puedes usar una gráfica de barras para comparar números o cantidades de cosas.

Aprende

El título dice lo que muestra la gráfica. Esta gráfica muestra cuántas cajas de crayolas se vendieron en diferentes tiendas.

Lee cada hilera de izquierda a derecha. Cada bloque representa una caja de crayolas. Cuenta los bloques para saber cuántas cajas se vendieron en cada tienda.

Practica

❶ ¿Cuántas cajas vendió la tienda de la Sra. García?

❷ ¿Qué tienda vendió más cajas?

❸ ¿Quién vendió más cajas, la Srta. Lee o el Sr. Smith?

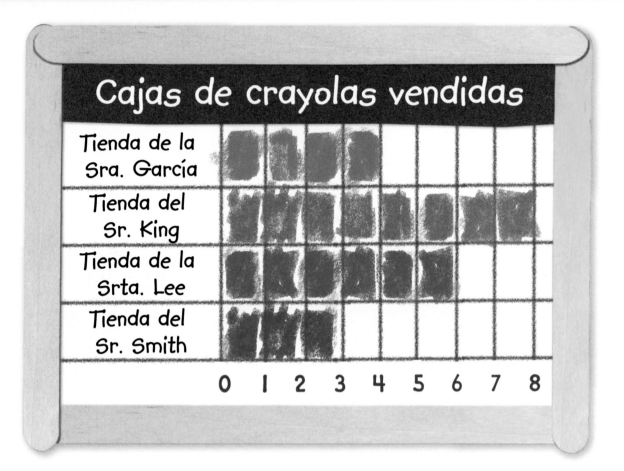

Cajas de crayolas vendidas

	0	1	2	3	4	5	6	7	8
Tienda de la Sra. García									
Tienda del Sr. King									
Tienda de la Srta. Lee									
Tienda del Sr. Smith									

Aplica

Aplícalo   Haz una gráfica de barras para mostrar qué color de crayola le gusta a cada uno de los niños de tu salón de clases.

APRENDE **en línea**

Visita **www.harcourtschool.com/ss1** para hallar actividades en Internet.

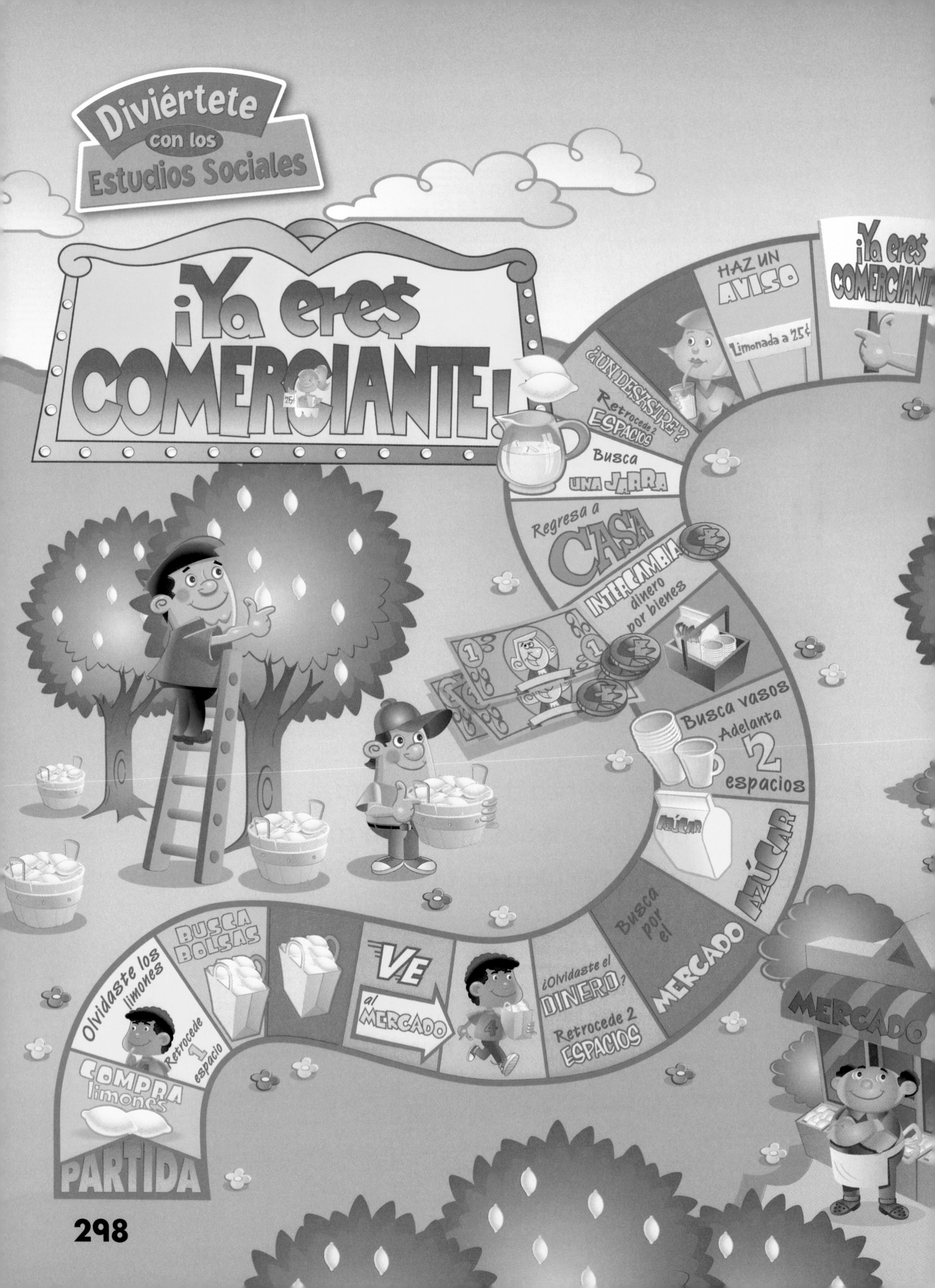

Diviértete con los Estudios Sociales
¡Ya ere$ COMERCIANTE!
PARTIDA
COMPRA limones
Olvidaste los limones
Retrocede 1 espacio
BUSCA BOLSAS
VE al MERCADO
¿Olvidaste el DINERO?
Retrocede 2 ESPACIOS
MERCADO
Busca por el
AZÚCAR
Busca vasos
Adelanta 2 espacios
INTERCAMBIA dinero por bienes
Regresa a CASA
Busca UNA JARRA
¿UN DESASTRE?
Retrocede 2 ESPACIOS
HAZ UN AVISO
Limonada a 25¢
¡Ya eres COMERCIANTE!
MERCADO

Juega.

Vas a necesitar:

1 o 2 jugadores

una flecha giratoria

una moneda o un marcador

Gira la flecha y juega
hasta que abra tu quiosco
de limonada. Para dos
jugadores, túrnense
y lleguen a la meta.

Aventuras en línea

APRENDE en línea

Eco está comprando para hacer
un picnic. En este juego en inglés,
visitarán juntos el mercado en línea
para comprar los suministros. Jueguen
ahora en **www.harcourtschool.com/ss1**

Repaso y preparación para la prueba

 La gran idea

Los mercados Las personas intercambian bienes y servicios unas con otras. Toman decisiones sobre cómo gastar su dinero.

Destreza clave Recordar y contar

Recuerda las ideas importantes de esta unidad. Escríbelas en las casillas de Recordar de la tabla. Luego, cuenta lo que recuerdas sobre las ideas.

Recordar

Las personas hacen y venden bienes, y venden servicios.

Recordar

_____
_____

Recordar

_____
_____

Contar

_____
_____
_____
_____
_____

✔ Vocabulario

Escribe la palabra que corresponde con cada significado.

Banco de palabras

bienes
(pág. 260)
servicios
(pág. 262)
mercado
(pág. 280)
intercambiar
(pág. 282)
fábrica
(pág. 290)

1 lugar donde se compran y venden bienes

2 edificio donde las personas usan máquinas para hacer bienes

3 cosas que hacen o cultivan las personas para vender

4 tipos de trabajo que hacen las personas para los demás por dinero

5 dar una cosa para obtener otra

✔ Datos e ideas principales

6 ¿Dónde compramos los bienes en una comunidad?

7 ¿Qué usamos para pagar por los bienes y servicios?

8 ¿Por qué las personas hacen un trabajo?

9 ¿Cuál de estos es un bien?

   A corte de cabello   C lavar el carro

   B médico   D bicicleta

10 ¿Cuál de estos es un lugar donde las personas ponen su dinero para mantenerlo seguro?

   A banco   C fábrica

   B mercado   D negocio

11 ¿Por qué ahorran dinero las personas?

12 **Aplícalo** ¿Cómo ayudan los voluntarios a las personas de tu comunidad?

⚫✓ Destrezas

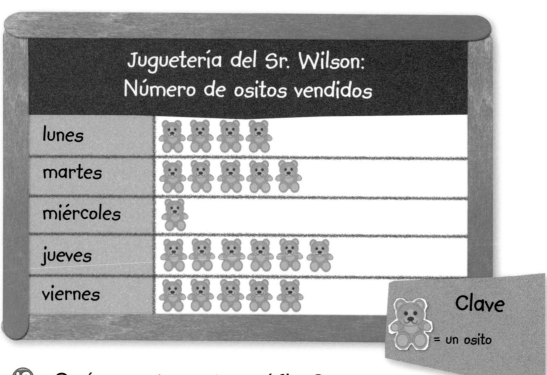

Juguetería del Sr. Wilson:
Número de ositos vendidos

lunes	
martes	
miércoles	
jueves	
viernes	

Clave
= un osito

13 ¿Qué muestra esta gráfica?

14 ¿Cuántos ositos se vendieron el lunes?

15 ¿En qué dos días se vendieron el mismo número de ositos?

16 ¿En qué día se vendieron menos ositos?

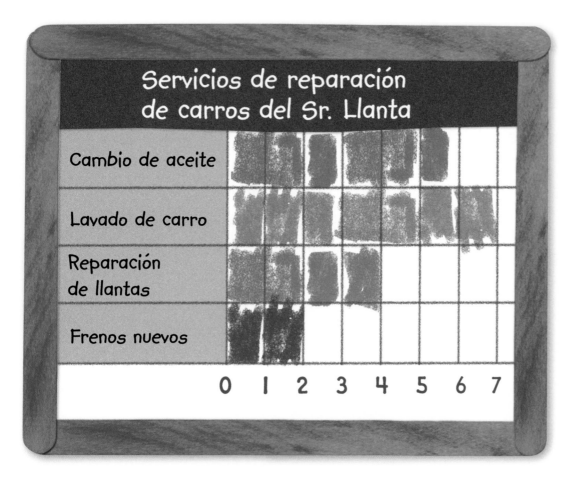

Servicios de reparación de carros del Sr. Llanta

	0	1	2	3	4	5	6	7
Cambio de aceite								
Lavado de carro								
Reparación de llantas								
Frenos nuevos								

⑰ ¿Qué servicios presta el Sr. Llanta a las personas?

⑱ ¿Qué servicio necesitó más la mayoría de las personas?

⑲ ¿Cuántas personas llevaron sus carros al Sr. Llanta para un cambio de aceite?

⑳ ¿Cuántas personas necesitaban frenos nuevos?

303

Actividades

Muestra lo que sabes

 Actividad de redacción

Dinero Piensa en cómo usas tu dinero.

Escribe un cuento Inventa un cuento sobre alguien que debe decidir cómo usar su dinero.

 Proyecto de la unidad

Un mercado del salón de clases Haz un mercado en el salón de clases.

- Elige lo que vas a vender.
- Dibuja bienes o servicios y dinero.
- Vende los bienes o servicios para comprar otros.

Lecturas adicionales

Me + Mi Publishing

Children's Press

HarperCollins Publishers

Jobs Around My Neighborhood
por Gladys Rosa-Mendoza

Trees to Paper
por Inez Snyder

Grandpa's Corner Store
por DyAnne DiSalvo-Ryan

APRENDE en línea

Visita **www.harcourtschool.com/ss1** para hallar más recursos en Internet.

Para tu referencia

ATLAS

MANUAL DE INVESTIGACIÓN

DICCIONARIO BIOGRÁFICO

GLOSARIO ILUSTRADO

ÍNDICE

ATLAS

MANUAL DE
INVESTIGACIÓN

DICCIONARIO
BIOGRÁFICO

GLOSARIO
ILUSTRADO

ÍNDICE

Para tu referencia

Atlas

R2 El mundo: Continentes

R4 El mundo: Tierra y agua

R6 Estados Unidos: Estados y capitales

R8 Estados Unidos: Tierra y agua

Manual de investigación

R10

Diccionario biográfico

R18

Glosario ilustrado

R20

Índice

R37

ATLAS

MANUAL DE INVESTIGACIÓN

DICCIONARIO BIOGRÁFICO

GLOSARIO ILUSTRADO

ÍNDICE

R1

OCÉANO ÁRTICO

AMÉRICA
DEL NORTE

OCÉANO
PACÍFICO

OCÉANO
ATLÁNTICO

Ecuador

AMÉRICA
DEL SUR

OCÉANO
PACÍFICO

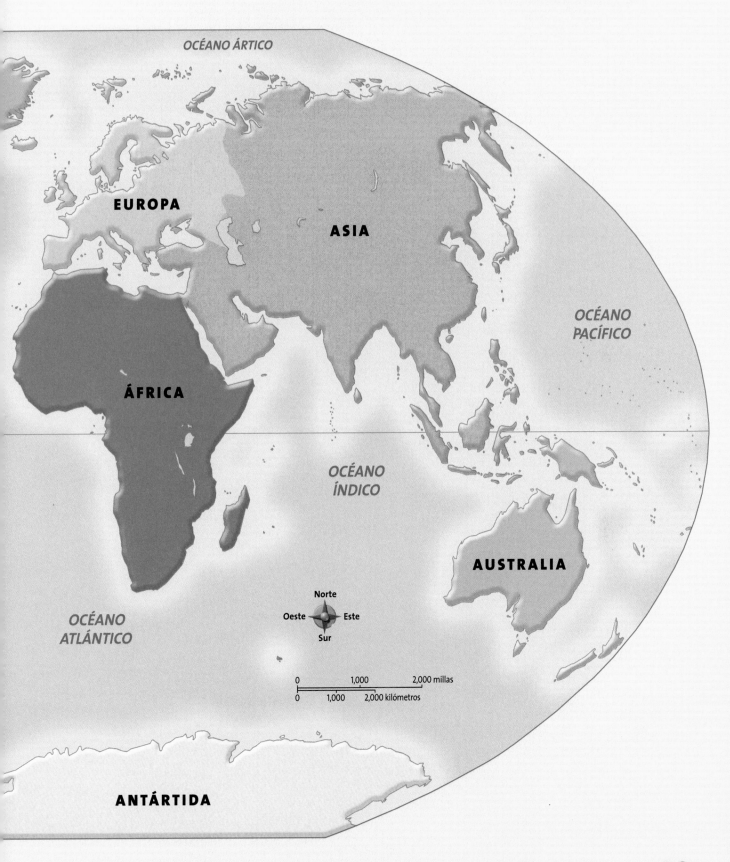

OCÉANO ÁRTICO

EUROPA

ASIA

ÁFRICA

OCÉANO
PACÍFICO

OCÉANO
ÍNDICO

Norte

Oeste Este

Sur

AUSTRALIA

OCÉANO
ATLÁNTICO

0   1,000   2,000 millas

0   1,000   2,000 kilómetros

ANTÁRTIDA

R3

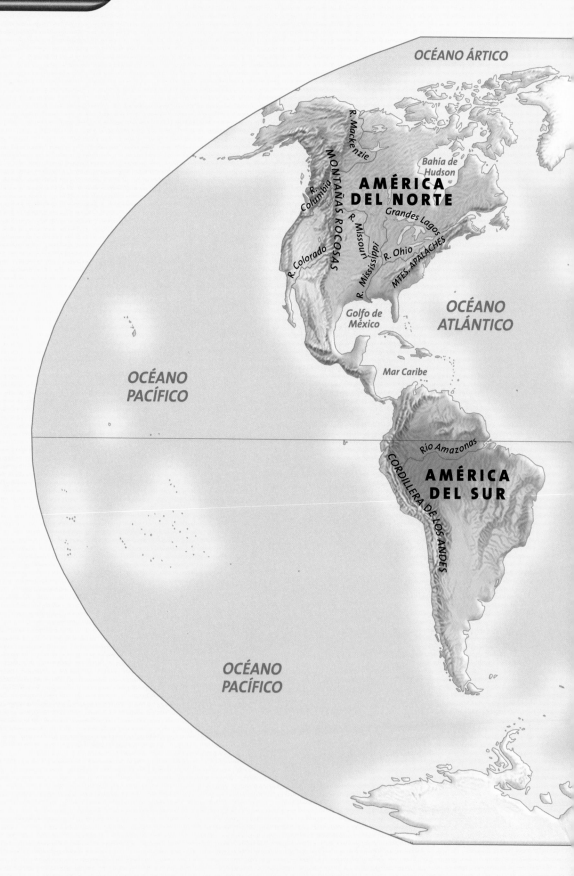

OCÉANO ÁRTICO

R. Mackenzie

Bahía de Hudson

AMÉRICA DEL NORTE

MONTAÑAS ROCOSAS

R. Columbia

Grandes Lagos

R. Missouri

R. Ohio

R. Colorado

MTES. APALACHES

R. Mississippi

OCÉANO ATLÁNTICO

Golfo de México

Mar Caribe

OCÉANO PACÍFICO

Río Amazonas

AMÉRICA DEL SUR

CORDILLERA DE LOS ANDES

OCÉANO PACÍFICO

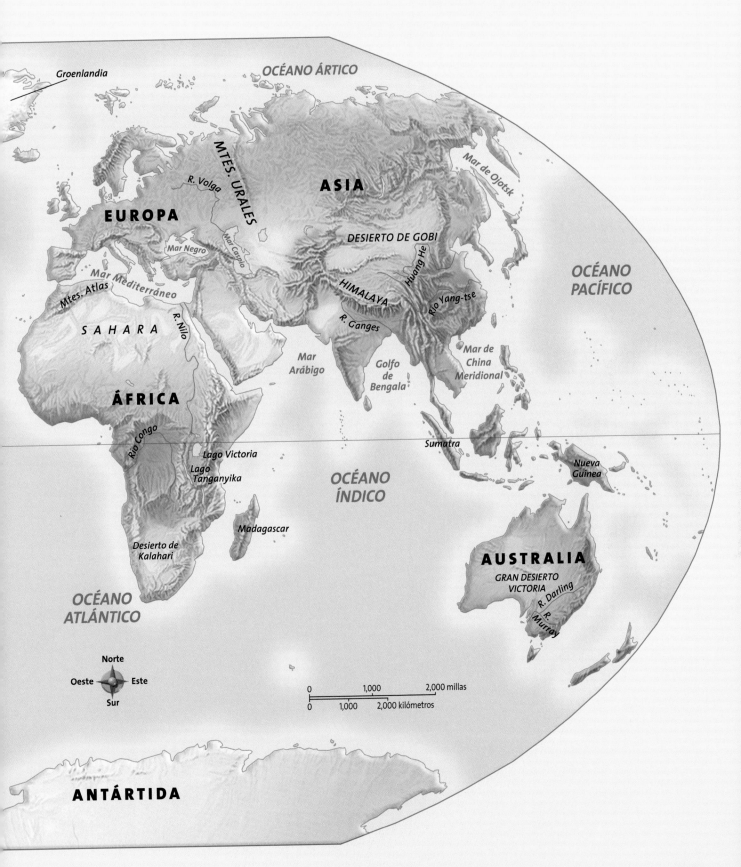

Groenlandia

OCÉANO ÁRTICO

MTES. URALES

EUROPA

ASIA

R. Volga

Mar Negro

Mar Caspio

DESIERTO DE GOBI

Mar de Ojotsk

OCÉANO
PACÍFICO

Mar Mediterráneo

Mtes. Atlas

Huang He

SAHARA

HIMALAYA

Río Yang-tse

R. Nilo

R. Ganges

ÁFRICA

Mar
Arábigo

Golfo
de
Bengala

Mar de
China
Meridional

Río Congo

Lago Victoria

Sumatra

Lago
Tanganyika

OCÉANO
ÍNDICO

Nueva
Guinea

Madagascar

Desierto de
Kalahari

AUSTRALIA

GRAN DESIERTO
VICTORIA

OCÉANO
ATLÁNTICO

R. Darling

R.
Murray

Norte

Oeste Este

Sur

0   1,000   2,000 millas

0   1,000   2,000 kilómetros

ANTÁRTIDA

R5

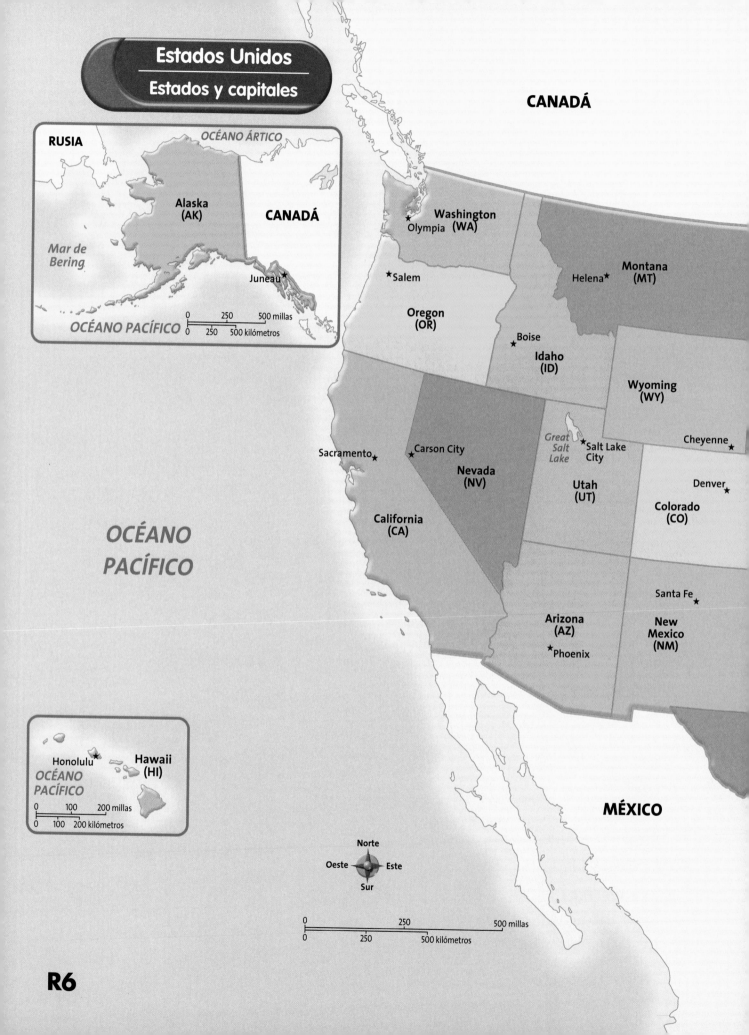

Estados Unidos
Estados y capitales

CANADÁ

RUSIA

OCÉANO ÁRTICO

Alaska
(AK)

CANADÁ

Mar de
Bering

Juneau ★

OCÉANO PACÍFICO

| 0 | 250 | 500 millas |
| 0 | 250 | 500 kilómetros |

★ Olympia
Washington
(WA)

Montana
(MT)
Helena ★

★ Salem

Oregon
(OR)

Boise
★

Idaho
(ID)

Wyoming
(WY)

Cheyenne ★

Great
Salt
Lake
★ Salt Lake
City

Sacramento ★
★ Carson City

Nevada
(NV)

Utah
(UT)

Denver
★

Colorado
(CO)

California
(CA)

OCÉANO

PACÍFICO

Santa Fe
★

Arizona
(AZ)

★ Phoenix

New
Mexico
(NM)

Honolulu ★
Hawaii
(HI)

OCÉANO
PACÍFICO

| 0 | 100 | 200 millas |
| 0 | 100 | 200 kilómetros |

MÉXICO

Norte

Oeste ✦ Este

Sur

| 0 | 250 | 500 millas |
| 0 | 250 | 500 kilómetros |

CANADÁ

Lago Superior

Lago Huron

Lago Michigan

Lago Ontario

Lago Erie

North Dakota (ND)
★ Bismarck

Minnesota (MN)
St. Paul ★

Wisconsin (WI)
Madison ★

(MI)
Lansing ★

Maine (ME)
Augusta ★

Vermont (VT)
Montpelier

New Hampshire (NH)
★ Concord
Boston

New York (NY)
Albany ★

Massachusetts (MA)
★ Providence

Rhode Island (RI)

Connecticut (CT)
Hartford ★

South Dakota (SD)
Pierre ★

Iowa (IA)
★ Des Moines

Illinois (IL)
Springfield ★

Indiana (IN)
Indianapolis ★

Ohio (OH)
Columbus ★

Pennsylvania (PA)
Harrisburg ★
Trenton ★

New Jersey (NJ)

Dover ★

Delaware (DE)

Nebraska (NE)
Lincoln ★

Annapolis ★

West Virginia (WV)
Washington, D.C. ✪

Maryland (MD)

Kansas (KS)
Topeka ★

Missouri (MO)
Jefferson City ★

Frankfort ★

Kentucky (KY)

Charleston ★

Richmond ★

Virginia (VA)

Raleigh ★

North Carolina (NC)

Oklahoma (OK)
Oklahoma City ★

Arkansas (AR)
Little Rock ★

Nashville ★

Tennessee (TN)

Columbia ★

South Carolina (SC)

Atlanta ★

Mississippi (MS)
Jackson ★

Alabama (AL)
Montgomery ★

Georgia (GA)

Texas (TX)
Austin ★

Louisiana (LA)
Baton Rouge ★

★ Tallahassee

OCÉANO ATLÁNTICO

BAHAMAS

Florida (FL)

Golfo de México

CUBA

R7

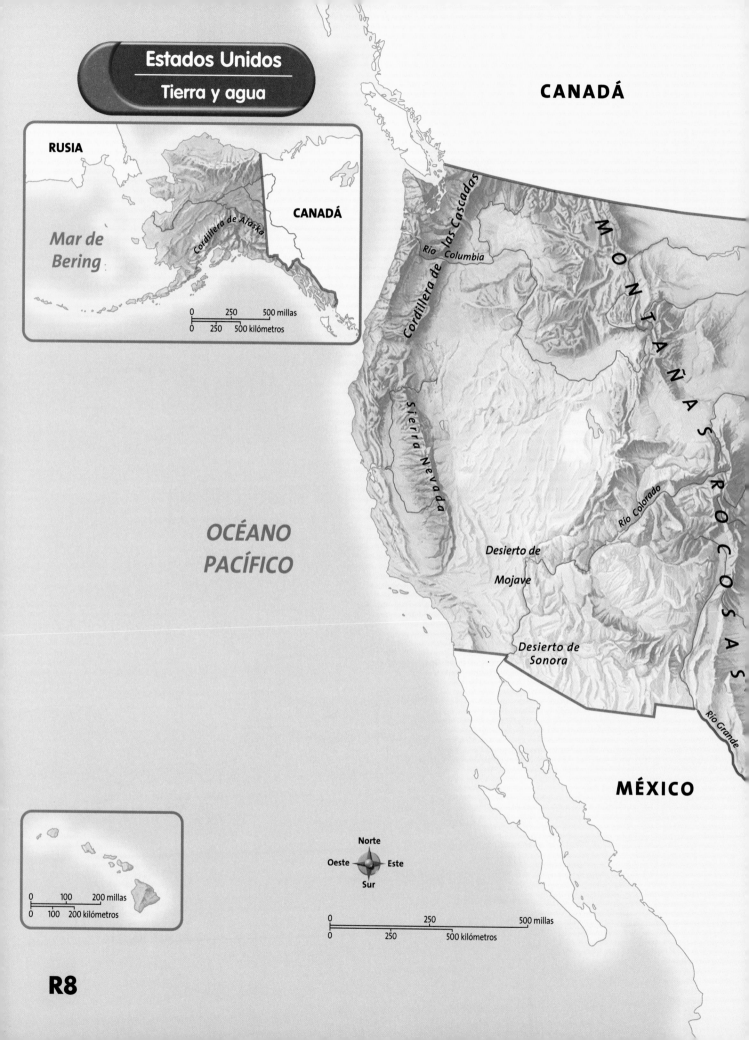

Estados Unidos
Tierra y agua

RUSIA

Mar de Bering

CANADÁ

Cordillera de Alaska

0   250   500 millas
0   250   500 kilómetros

CANADÁ

Cordillera de las Cascadas

Río Columbia

M O N T A Ñ A S   R O C O S A S

Sierra Nevada

Río Colorado

OCÉANO PACÍFICO

Desierto de Mojave

Desierto de Sonora

Río Grande

MÉXICO

0   100   200 millas
0   100   200 kilómetros

Norte
Oeste — Este
Sur

0   250   500 millas
0   250   500 kilómetros

CANADÁ

GRANDES LLANURAS

Río Missouri

Río Mississippi

Lago Superior

Lago Michigan

Lago Huron

Lago Ontario

Lago Erie

LLANURAS DEL INTERIOR

Río Missouri

Río Ohio

M O N T E S   A P A L A C H E S

Río Mississippi

OCÉANO ATLÁNTICO

L L A N U R A   C O S T E R A

Río Grande

Golfo de México

Estrecho de Florida

BAHAMAS

CUBA

Manual de investigación

A veces necesitas buscar más información sobre un tema. Hay muchas fuentes que puedes usar. Puedes hallar parte de la información en tu libro. Otras fuentes son los recursos tecnológicos, los recursos impresos y los recursos de la comunidad.

Recursos tecnológicos
- **Internet**
- **Disco de computadora**
- **Televisión o radio**

Recursos impresos
- **Atlas**
- **Diccionario**
- **Enciclopedia**
- **Libro de no ficción**
- **Revista o periódico**

Recursos de la comunidad
- **Maestro**
- **Conservador de museo**
- **Líder comunitario**
- **Ciudadano**

Recursos tecnológicos

Los principales recursos tecnológicos que puedes usar son: Internet y discos de computadora. La televisión o la radio también pueden ser buenas fuentes de información.

El uso de Internet

La información en Internet siempre está cambiando. Asegúrate de usar una página confiable.

Cómo hallar información

- Usa un ratón y un teclado para buscar información.
- Con la ayuda de un maestro, uno de tus padres o un niño mayor, busca la fuente que quieras usar para la investigación.
- Teclea las palabras clave.
- Lee cuidadosamente y toma apuntes.
- Si tu computadora está conectada a una impresora, puedes imprimir una copia.

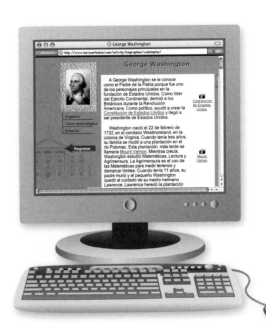

Recursos impresos

Los libros de las bibliotecas están colocados en un orden especial. Cada libro tiene una cifra de clasificación. La cifra de clasificación te dice dónde debes buscar el libro.

Algunos libros, como las enciclopedias, las revistas y los periódicos, están en un lugar aparte. Los bibliotecarios pueden ayudarte a buscar lo que necesitas.

Atlas

Un atlas es un libro de mapas. Algunos atlas muestran diferentes lugares en diferentes épocas.

Diccionario

Un diccionario provee la ortografía correcta de las palabras. También te dice lo que significan las palabras, es decir, su definición. Las palabras de un diccionario están en orden alfabético. Las palabras guía al principio de las páginas te ayudan a hallar la palabra que buscas.

MANUAL DE INVESTIGACIÓN

Palabras guía ●

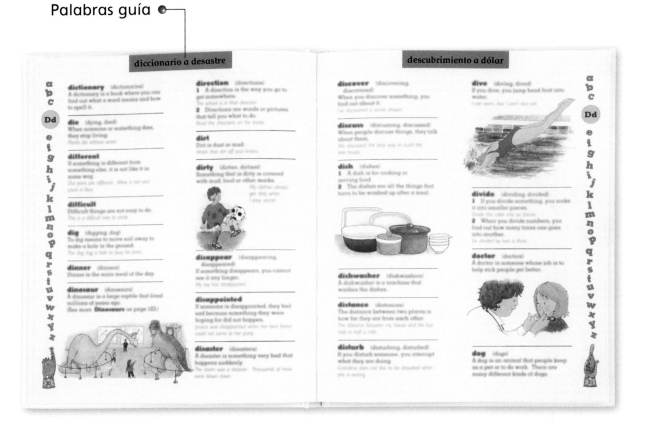

Enciclopedia

Una enciclopedia es un libro o un conjunto de libros que provee información acerca de muchos temas diferentes. Los temas se recogen en orden alfabético. También puedes hallar enciclopedias en Internet.

Libros de no ficción

Un libro de no ficción provee datos acerca de personas, lugares y cosas reales. Los libros de no ficción de la biblioteca están agrupados según el tema. Cada tema tiene un número de clasificación diferente. Busca en un fichero o en un catálogo computarizado para hallar un número de clasificación. Puedes buscar títulos, autores o temas.

| PÁGINA PRINCIPAL | GUARDAR REGISTRO | REGRESAR A NAVEGADOR | CAMBIAR LA BÚSQUEDA |

| TÍTULO ⬦ | a | Kids Online ⬦ | Buscar |

Autor	Florian, Douglas
Título	**A beach day / by Douglas Florian**
Edición	1ra ed.
Info. de publicación	New York: Greenwillow Books, c1990
Descripción	32p.: col. ill.; 26 cm.
Resumen	Describe cómo una familia disfruta un día en la playa
Número de clasificación	E FLO

Revistas y periódicos

Las revistas y los periódicos se imprimen cada día, semana o mes. Son buenas fuentes de información actualizada. Muchas bibliotecas tienen guías que presentan los artículos organizados por temas. Dos guías son: la Guía de revistas infantiles y la Guía para lectores de la literatura periódica.

Recursos de la comunidad

A menudo, las personas de tu comunidad te pueden proveer la información que necesitas. Antes de hablar con alguien, siempre pide permiso a un maestro o a uno de tus papás.

Escuchar para hallar información

Antes

- Decide con quién vas a hablar.
- Haz una lista de preguntas útiles.

Durante

- Sé cortés.
- Habla claramente y en voz alta.
- Escucha cuidadosamente. Se te pueden ocurrir otras preguntas que quisieras hacer.
- Toma notas para que luego puedas recordar las ideas.
- Escribe o graba las palabras exactas de las personas, para que puedas citarlas más adelante. Pídele permiso para citar sus palabras.
- Posteriormente, escribe una carta de agradecimiento.

Escribir para obtener información

También puedes escribir a las personas de tu comunidad para recopilar información. Recuerda estos pasos cuando escribas:

- Escribe con letra clara o usa una computadora.
- Di quién eres y por qué escribes.
- Verifica con cuidado la ortografía y la puntuación.
- Si escribes una carta, dentro del sobre, incluye otro sobre que tenga tu dirección y los sellos adecuados de correo para que la persona te envíe su respuesta.
- Agradece a la persona.

Diccionario biográfico

Este Diccionario biográfico da información sobre muchos de los personajes importantes que se presentan en este libro. Los nombres están en orden alfabético (ABC) por apellido. Después del nombre está la fecha de nacimiento y muerte de la persona. Si aún está viva, solo se da el año de nacimiento. El número de página indica dónde se presenta la información principal de cada personaje.

Adams, John (1735–1826) Segundo presidente de Estados Unidos. También sirvió dos períodos como primer vicepresidente de Estados Unidos. pág. 112

Armstrong, Neil (1930–) Primera persona en caminar sobre la superficie de la Luna. pág. 192

Boone, Daniel (1734–1820) Explorador americano que ayudó a establecer Kentucky. pág. 88

Carver, George Washington (1864–1943) Científico e inventor afroamericano. pág. 82

Chávez, César (1927–1993) Líder sindical. Unificó a muchos trabajadores agrícolas para demandar un trato más justo. pág. 276

Cigrand, Bernard (1866–1932) Maestro y dentista. Se conoce como el fundador del Día de la Bandera. pág. 136

Confucio (551 a.C.–479 a.C.) Maestro y filósofo más famoso de China. Su objetivo personal era promover la paz. pág. 35

Franklin, Benjamin
(1706–1790) Líder, escritor e inventor americano. Ayudó a redactar la Declaración de Independencia. pág. 127

Key, Francis Scott
(1779–1843) Abogado y poeta que escribió la letra de "La bandera adornada de estrellas". pág. 119

King, Dr. Martin Luther, Jr.
(1929–1968) Pastor y líder afroamericano. Trabajó para que todos los americanos tuvieran derechos civiles. pág. 130

Laird, Addie Obrera infantil. pág. 271

Lincoln, Abraham
(1809–1865) Decimosexto presidente de Estados Unidos. Fue presidente durante la Guerra Civil. pág. 130

Parker, George S.
(1867–1953) Uno de los fundadores de una compañía que todavía fabrica juegos populares en el presente. pág. 174

Parks, Rosa (1913–2005) Líder afroamericana de los derechos civiles. Rehusó a cederle su asiento a un hombre blanco en un autobús. pág. 40

Sacagawea (alrededor de 1790–1812) Mujer india americana que ayudó a Lewis y Clark a explorar partes de Estados Unidos. pág. 218

Washington, George
(1732–1799) Primer presidente de Estados Unidos. Se conoce como "el padre de nuestro país". pág. 110

Weaver, Robert C.
(1907–1997) Primer afroamericano en servir en el gabinete de Estados Unidos. pág. 226

Wilder, Laura Ingalls
(1867–1957) Autora. Escribió una serie de libros sobre su niñez pionera. pág. 70

Glosario ilustrado

Este glosario ilustrado contiene palabras importantes y sus definiciones. Están ordenadas alfabéticamente (ABC). Las ilustraciones te ayudan a comprender el significado de las palabras. El número de página al final de la definición, indica dónde se usa la palabra por primera vez.

A

ahorrar

Guardar un poco de dinero para usarlo después. (página 284)

ayer

El día antes de hoy. (página 134)

alcalde

El líder de una ciudad. (página 23)

B

bandera

Una pieza de tela con colores y figuras que representan cosas. (página 116)

bienes

Cosas que las personas hacen o cultivan para vender. (página 260)

calendario

Un cuadro que muestra el tiempo. (página 134)

boleta electoral

Una papeleta que muestra todas las opciones para votar. (página 26)

cambiar

Convertirse en algo diferente. (página 170)

buena conducta deportiva

Jugar con equidad. (página 38)

celebración

Un tiempo para estar feliz por algo especial. (página 232)

ciudad

Una comunidad grande. (página 23)

colonia

Un territorio gobernado por otro país. (página 106)

ciudadano

Una persona que vive en una comunidad y pertenece a ella. (página 16)

compartir

Usar algo con los demás. (página 38)

clave del mapa

Muestra qué representa cada símbolo en un mapa. (página 20)

comunicación

Compartir ideas y sentimientos. (página 162)

comunidad

Un grupo de personas que viven y trabajan juntas. También es el lugar donde viven. (página 16)

cuento tradicional

Una historia que se transmite de persona a persona. (página 228)

continente

Un gran área de tierra. (página 60)

cultura

La forma de vida de un grupo. (página 210)

costumbre

La manera en que un grupo hace algo. (página 233)

D

VOTA SÍ para el **Zoológico**

derecho

Algo que tenemos la libertad de hacer. (página 36)

GLOSARIO ILUSTRADO

deseos

Cosas que les gustaría tener a las personas. (página 286)

dinero

Lo que usan las personas para pagar por bienes y servicios. (página 262)

día de fiesta nacional

Un día que honra a una persona o evento importante para nuestro país. (página 128)

direcciones

Señalan el camino hacia los lugares. (página 72)

diagrama

Una ilustración que muestra las partes de algo. (página 124)

director

El líder de una escuela. (página 12)

escaso

Cuando no hay suficiente para satisfacer los deseos de todos. (página 286)

estación

Una época del año. (página 85)

estado

Una parte de un país. (página 57)

fábrica

Un edificio en el que las personas usan máquinas para hacer bienes. (página 290)

ficción

Historias que son inventadas. (página 190)

frontera

El lugar donde termina un estado o un país. (página 58)

futuro

El tiempo que viene. (página 181)

gobernador

El líder de un gobierno municipal. (página 24)

 G

globo terráqueo

Un modelo de la Tierra. (página 60)

gráfica de barras

Una gráfica que usa barras para mostrar cuánto o qué cantidad hay. (página 296)

gobierno

Un grupo de personas que dirigen una comunidad. (página 24)

granja

Un lugar donde se cultivan plantas y se crían animales. (página 69)

H

hecho

Algo que es verdadero y no es inventado. (página 190)

historia

El relato de lo que sucedió en el pasado. (página 212)

héroe

Una persona que hace algo valiente o importante para ayudar a los demás. (página 129)

hoy

Significa este día. (página 134)

I

herramienta

Algo que usamos para hacer un trabajo. (página 166)

inmigrante

Una persona de otra parte del mundo que llega a vivir a este país. (página 220)

intercambiar

Dar una cosa
para recibir otra.
(página 282)

lenguaje

La manera de
hablar de un grupo.
(página 213)

J

juramento

Un tipo de promesa.
(página 118)

ley

Una regla que deben
obedecer las personas
de una comunidad.
(página 17)

justo

Actuar de una manera
correcta y honesta.
(página 13)

libertad

El derecho que tienen
las personas de tomar
sus propias decisiones.
(página 108)

GLOSARIO
ILUSTRADO

R28

líder

Una persona que está encargada de un grupo. (página 22)

lugar histórico

Un símbolo que es un lugar que pueden visitar las personas. (página 122)

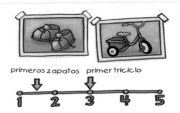

línea cronológica

Una línea que muestra el orden en el que sucedieron las cosas. (página 182)

M

maestro

Una persona que dirige la clase. (página 10)

llanura

Terreno que en su mayor parte es plano. (página 63)

mañana

El día después de hoy. (página 134)

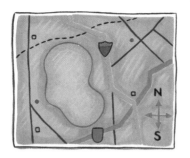

mapa

Un dibujo que muestra ubicaciones. (página 20)

negocio

La venta de bienes o servicios. (página 269)

mercado

Un lugar donde las personas compran y venden bienes. (página 280)

no ficción

Historias sobre cosas reales. (página 190)

mundo

Todas las personas y los lugares de la Tierra. (página 220)

océano

Una masa grande de agua. (página 60)

GLOSARIO ILUSTRADO

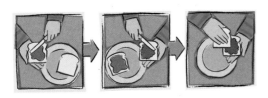

organigrama

Una tabla que muestra los pasos necesarios para hacer algo. (página 216)

pictograma

Una gráfica que usa ilustraciones para mostrar cuánto hay de algo. (página 264)

 P

país

Un área de terreno con sus propios habitantes y leyes. (página 58)

poblador

Una persona que establece su hogar en un lugar nuevo. (página 104)

pasado

El tiempo antes del actual. (página 178)

presente

El tiempo actual. (página 179)

R

presidente

El líder de Estados Unidos. (página 26)

reciclar

Convertir algo viejo en algo nuevo. (página 79)

problema

Algo difícil de resolver o arreglar. (página 14)

recreación

Lo que hacen las personas para divertirse. (página 87)

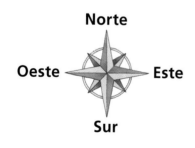

puntos cardinales

Las cuatro direcciones principales. (página 72)

recurso

Es todo lo que podemos usar. (página 74)

R32

regla

Una instrucción que nos dice cómo debemos actuar. (página 10)

responsabilidad

Algo que debemos hacer. (página 11)

religión

La creencia en un dios o dioses. (página 229)

ruta

Un camino a seguir para ir de un lugar a otro. (página 236)

respeto

Tratar bien a alguien o algo. (página 34)

 S

servicio del gobierno

Servicios que el gobierno hace para la comunidad. (página 28)

servicios

Tipos de trabajo que hacen las personas para los demás por dinero. (página 262)

tabla

Un cuadro que muestra cosas en grupos. (página 176)

símbolo

Una ilustración o un objeto que representa algo. (página 20)

tecnología

Todas las herramientas que usamos para facilitar nuestras vidas. (página 186)

solución

Es lo que hacemos para resolver un problema. (página 14)

tiempo

Cómo se siente el aire afuera. (página 84)

Tierra

Nuestro planeta. (página 60)

ubicación

El lugar donde está algo. (página 56)

trabajo

Es lo que hace una persona para ganar dinero. (página 268)

V

valle

Terreno bajo entre montañas. (página 63)

transporte

Cualquier manera de llevar a las personas o cosas de un lugar a otro. (página 71)

vecindario

Una parte de un pueblo o una ciudad. (página 68)

vivienda

Una casa. (página 70)

voluntario

Una persona que trabaja sin cobrar para ayudar a las personas. (página 273)

voto

Una decisión que se cuenta. (página 26)

Índice

Este índice indica dónde se puede hallar la información sobre personas, lugares y eventos en este libro. Las entradas están en orden alfabético. Cada entrada indica la página o las páginas donde puedes hallar el tema.

A

Adams, John, 112, R18
África, 61
Afroamericanos, 40–41, 130, 226
Agricultores, 82–83, 288–289
Agua
  como un recurso, 74, 77, 81, 93
  en los mapas, R4–R5, R8–R9
  símbolos para, 59, R4–R5, R8–R9
  tipos de, 64–65
  usos del, 77
Águila calva, 100–101, 121, 139, 141
Ahorrar dinero, 284–285
Ahorrar, 284
Alabama, 40–41
Alcalde, 23, 25
Alimento, 75–77, 89, 204, 210–211, 217, 220, 222, 226–227, 240–241
Ambiente físico, 52, 62–71, 74–81, 88–89
"América" (Smith), 102–103
América del Norte, 61, 104–106, 210
  exploración de, 104–106, 218–219
  mapa de, R2–R5
América del Sur, 61

América, los primeros habitantes de, 210–215
Amerindios. Ver Indios americanos
Amistad, 6–9
Antártida, 61
Año Nuevo Chino, 232–233
Años, 134, 182
Aprender, 170–175
Arco de entrada, 123
Argelia, 240
Armada, de Estados Unidos, 129, 192
Armstrong, Neil, 192–193, R18
Arte, 227
Asia, 61
Astronauta, 192–193
Atlas, R2–R9, R12
Australia, 61
Ayer, 134

B

Baile, 223, 230–231
Banco, 284
Bandera, 98, 116–119, 136–137, 141, 193
"bandera adornada de estrellas, La" (Key), 119
Batidor de huevos, 166
Biblioteca, 31, 42–43, R12–R15
Bibliotecarios, 31, 42–43

Bienes, 250, 260–263, 266–267, 280, 301
  intercambiar, 282, 300
Biografía
  Armstrong, Neil, 192–193
  Carver, George Washington, 82–83
  Chávez, César, 276–277
  Parks, Rosa, 40–41
  Sacagawea, 218–219
  Washington, George, 110–111
Boleta electoral, 26–27
Bomberos, 29, 42–43
Bondad, 82–83
Boone, Daniel, 88, R18
Bosque, 114, 66
Boston Light, 52
Brasil, 206–209
Buena conducta deportiva, 38–39

C

Cacahuates, 83
Calendario, 134–135
California, 185
  Valle de la Muerte, 86
Cámara, 169
Cambiar, 147, 170, 194–195
  tecnología y, 184–189
  tiempo y, 178–179, 182–183
  trabajos y, 180–181

Campana de la Libertad, 120, 126, 138–139

Canadá, 224

Canciones

"América" (Smith), 102–103

"bandera adornada de estrellas, La" (Key), 119

Capital, R6–R7

Capitolio, 24, 122, 138–139, 143

Carácter

bondad, 82–83

equidad, 276–277

integridad, 110–111

patriotismo, 192–193

respeto, 40–41

responsabilidad, 218–219

Carretera, 30

Carver, George Washington, 82–83, R18

Casas, 70

Categorizar, 52–53, 92

Causa, 4–5, 44

Celebración del Año Nuevo, 232–233

Celebraciones, 128–133, 232–235

Chávez, César, 276–277, R18

Cherry Hill, New Jersey, 110

China, 35, 224

Chlodnik, 204

Cigrand, Bernard, 136, R18

Cinco de Mayo, 234

Ciudad, 23, 57, 68–69, 113

Ciudadanos, 16, 19, 45, 140

derechos de los, 36–37

honrar a los, 128–130

rasgos del carácter, 40–41, 82–83, 110–111, 192–193, 218–219, 276–277

responsabilidades de los, 37

Civismo

Ayudar a los demás, 278–279

Día de la Bandera, 136–137

Los policías y tú, 32–33

Clark, Capitán William, 218–219

Clasificar, 52–53, 92

Clave del mapa, 20–21

Cleveland, Ohio, 68

Clinton, William J., 41

Colina, 114, 62

Colonia, 106–107, 113

Comercio, 251, 282, 285, 298–299, 301

"Cómo se embellecieron los escarabajos" (un cuento tradicional de Brasil), 206–209

Comparar, 204–205, 244

Compartir, 38, 222

Compradores, 261, 280–285, 288–289

Comunicación, 162–163

Comunidades, 2, 16, 19, 42–43, 45, 68–69, 89, 96

cambios en las, 178–181

culturas diferentes en las, 220–223, 226–227

del pasado, 178–181

historia de las, 178–181

leyes de las, 3, 16–19, 32–33

líderes en las, 22–25

responsabilidades de los ciudadanos en las, 37

y honrar a sus ciudadanos, 128–131

Concejo municipal, 42–43

Confucio, 35, R18

Conservación, 80–81

Constitución de Estados Unidos, 100, 109, 115, 127, 132, 142

Constitución, Estados Unidos, 100, 109, 115, 127, 142

Contador de historias, 212–213, 228

Contar, 252–253, 300

Continente, 51, 60–61, 94, R2–R5

Contrastar, 204–205, 244

Correo electrónico, 163

Costumbre, 203, 233–235, 245

Crayolas, 290–295

Creencias, 228–229, 231, 244

Cuatro de Julio (Día de la Independencia), 107, 132, 141

Cuento tradicional, 206–209, 228–231, 242–243

Cuentos tradicionales

"Cómo se embellecieron los escarabajos" (un cuento tradicional de Brasil), 206–209

Cultura, 202, 220–223, 245

celebraciones y, 226, 232–235

compartir la, 215, 222, 225

de los indios americanos, 210–215

definición de, 202, 210

el aprendizaje sobre la, 228–231

expresar la, 228–231

festival de la, 226

D

Decisiones, 108, 281, 286
al comprar, 286–287
al votar, 3, 26–27
de recreación, 87

Declaración de Independencia, 100, 107, 109, 114, 127

Derechos, 36–37

Deseos, 286

Desiertos, 114, 62–63, 86

Destrezas con mapas y globos terráqueos,
direcciones, 72
globo terráqueo, 60
leer un mapa, 20
seguir una ruta, 236

Destrezas con tablas y gráficas
calendario, 134
diagrama, 124
gráfica de barras, 296
línea cronológica, 182
ordenar cosas en grupos, 176
organigrama, 216
pictograma, 264

Destrezas de estudio
Anticipar y preguntar, 274–275
Desarrollar el vocabulario, 80–81

Usar recursos visuales, 164–165

Destrezas de lectura
Categorizar y clasificar, 52–53
Causa y efecto, 4–5
Comparar y contrastar, 204–205
Idea principal y detalles, 100–101
Recordar y contar, 252–253
Secuencia, 148–149

Destrezas de participación
trabajar y jugar juntos, 38–39
decidir con el voto, 26–27

Destrezas de razonamiento crítico
decidir cuando compras, 286–287
diferenciar hecho de ficción, 190–191
resolver un problema, 14–15

Detalle, 100–101, 140

Detroit, Michigan, 269, 288

Día de Acción de Gracias, 131

Día de Martin Luther King, Jr., 130, 142

Día de la Bandera, 136–137

Día de la Constitución, 132

Día de la Independencia (Cuatro de Julio), 132, 141

Día de los Caídos, 128

Día de los Presidentes, 1300

Día de los Veteranos, 128

Día del Año Nuevo, 142

Día del Trabajo, 133

Diagrama, 124–125, 143

Días, 134, 182

Días de fiesta, 128–133, 136–137

Días de fiesta nacionales, 128–133, 136–137, 149

Dinero, 121, 138–139, 262–263, 283–285, 298–299
ahorrar, 284–285
Cómo se mueve el dinero (tabla), 283
ganar, 268, 273
gastar, 262, 281–282, 283–285, 286, 300
intercambiar, 282, 285, 298–299, 300
símbolo de Estados Unidos, 121

Dirección, 110

Direcciones, 72
cardinales, 72
en los mapas, 72–73, 95

Director, 12–13, 42–43

Diversidad, 204–205, 220–225, 226–227, 232–235

Diviértete con los Estudios Sociales, 42–43, 90–91, 138–139, 194–195, 242–243, 298–299

Documentos, 100, 107
Constitución de Estados Unidos, 100, 109, 115, 127, 132, 142
Declaración de Independencia, 100, 107, 114, 127

Diario de John Adams, 112

E

Economía de libre mercado, 260–265
Efecto, 4–5, 44
El Salvador, 221, 223
Elkhart, Indiana, 178–181
Emans, Elaine V., 54–55
Entrevista, 163, R16
Equidad, 276–277
Escaso, 286
Escuelas
  de hace tiempo, 148–149, 170–175
  herramientas que se usan en las, 172–173, 177
  de hoy en día, 171, 175
  ir a las, 175
  líderes de las, 10, 12
  mapa de las, 112–113
  reglas en las, 10–13, 44
  semejanzas y diferencias de las, 170–175
  trabajadores de las, 10, 12, 31, 32, 42–43
Espacio, 188, 192–193
Estación de bomberos, 42–43
Estación de policía, 42–43
Estaciones, 85, 87
Estado, 50, 57–59
  bandera de, 116
  el primero en Estados Unidos, 106
  en los mapas, 58, R6–R7
  líder del, 24

parques del, 52
Estados Unidos de América, 58
  bandera de, 98, 116–119
  canciones sobre, 102–103, 119
  exploración de, 218–219
  historia de, 104–109, 110–111, 112–115, 126–127, 210–215, 218–219, 224
  Juramento a la bandera, 116–119, 140
  ley en, 226
  líderes de, 24, 26–27, 130
  mapas de, 58, 113, R6–R9
  primeros estados de, 106
  primer presidente de, 109, 110–111, 130
  símbolos de, 98–99, 100, 116–119, 120–123, 124–125, 126–127
Estatua de la Libertad, 124–125, 138–139
  diagrama de la, 125
Este, 72, 95
Europa, 61, 104
Excursión
  La Campana de la Libertad, 126–127
  Mercado de agricultores Royal Oak, 288–289
  Parque Nacional Great Smoky Mountains, 66–67
Exploración, 218–219
Exploradores, 218–219

Expresión, libertad de, 36, 45

F

Fábrica, 251, 290–295, 301
Fábrica de crayolas, 290–295
Familias
  alrededor del mundo, 238–241
  del pasado, 158–163, 164–165
  entrevistar a miembros de las, 163
Fayetteville, Tennessee, 69
Festival de las azaleas, 161
Festival de linternas, 233
Festivales, 161, 226, 232–233
Ficción, 190–191
Fiestas nacionales, 99, 128–133, 136–137, 141
Flores silvestres, 67
Fonógrafo, 169
Ford, M. Lucille, 6–9
Fort McHenry, 52
Franklin Court, 127
Franklin, Benjamin, 107, 127, 285, R19
Frontera, 58–59, 61, 66, 93
Fruta, 76, 288–289
Fuentes primarias
  Aprender sobre la libertad, 112–115
  Herramientas caseras, 166–169
Futuro, 181

G

Generaciones del pasado, 158–163
comunicación de las, 162–163
festivales de las, 161
herramientas caseras de las, 166–169
juegos de las, 174
ropa de las, 159
trabajo de las, 160
Geografía, I8–I14, R12
cinco temas de, I8–I9
repaso de, I10–I13
términos de, I14
Globo terráqueo, 51, 60–61, 93
dibujo de un, 61
Gobernador, 24
Gobierno, 24, 41, 45
elegir los líderes de un, 24, 26–27
servicios del, 28–31
trabajadores del, 28–31
Golfo, I14
Gráficas
de barras, 296–297, 303
pictograma, 264–265, 302
Gráfica de barras, 296–297, 303
Granja, 69, 90–91, 94
Grupos, 15, 22, 36, 238–239, 267–277, 278–279
ordenar cosas en, 176–177
trabajar juntos en, 38–39
Guardabosques, 30, 42–43
Guerra, 108–109, 141, 266

tambor de movilización, 108

H

"Hacer mapas" (Emans), 54–55
Hackensack, New Jersey, 213
Hecho, 190–191
Heo, Yumi, 254–259
Hermann, Missouri, 69
Héroes, 99, 129–130, 141
Héroes americanos, 128–133
Herramientas, 166
caseras, 166–169
del pasado, 166–169, 172–173, 176–177
del presente, 176–177
Herramientas caseras, 166–169, 194–195
Historia, 104–109, 110–111, 112–115, 166–169, 170–175, 184–189, 202, 210–215, 218–219
aprender sobre la, 158–163, 212–213
Historias
Los sombreros de la tía Flossie (Howard), 150–157
Una tarde (Heo), 254–259
Hogares, 70, 165
Howard, Elizabeth Fitzgerald, 150–157
Hoy, 134

I

Iconos
Rosie la remachadora, 266

Sacagawea, 218–219
Idea principal, 100–101, 140
India, 220
Indiana, 57
Indios americanos, 210–215
cuenta historias, 212
cultura de los, 210, 213, 215
lenguaje de los, 213
objetos del pasado, 214
territorio de los, 214
tribus de los, 210–211, 216–217, 218
y los primeros exploradores, 218–219
y los primeros pobladores, 214–215
Indios cherokees, 211, 212–213
Indios chumash, 216–217
Indios delaware, 211
Indios hupa, 215
Indios navajo, 211
Indios nez percé, 210
Indios shoshón, 218
Indios wampanoag, 105, 131
Indios, americanos. Ver Indios americanos
Inglaterra, 104–109
Inmigrantes, 203, 220–225
Instrumentos musicales, 181
Integridad, 110–111
Intercambiar, 251, 282, 285, 298–299, 301
Internet, R11
Invierno, 85, 88
Irlanda, 224
Isla Ellis, New York, 224
Isla Liberty, 124–125

Isla, I14, 124–125
Italia, 224

J

Japón, 239
Jonesborough,
    Tennessee, 16–17
Juegos, 161, 174
Jugar con equidad,
    38–39
Juramento, 116–119, 140
Juramento a la bandera,
    116–119, 140
Justo, 13, 106

K

Kentucky, 24, 88
Kenya, 221
Key, Francis Scott, 119,
    R19
King, Martin Luther, Jr.,
    130, 141–142, R19

L

Lago, I14, 64, 89
Laird, Addie, 271, R19
Lavadora, 167
La Campana de la
    Libertad, 120, 126,
    138–139
"La regla de la amistad"
    (Ford), 6–9
La Tierra, I8–I10, 60,
    74–75, 78–79, 188, 193,
    220
Lechero, 166
Lenguaje, 204–205, 213
Lewis y Clark, 218–219
Lewis, Capitán
    Meriwether, 218–219
Leyes, 3, 17–19, 41

de las comunidades,
    16–19
no obedecer las, 19
y el respeto a las, 37
Libertad, 98, 100, 108,
    111, 112–115, 126
de culto, 36
de expresión, 36
Líderes, 22–25
de ciudades, 23
de comunidades,
    22–25
de escuelas, 10, 12
de estados, 24
de Estados Unidos, 26,
    111
de países, 26, 110–111
Liga de policías super-
    visores de actividades
    (PAL), 33
Limonada, 298–299
Limones, 298–299
Lincoln, Abraham, 130,
    R19
Línea cronológica, 41,
    83, 111, 147, 182–183,
    193, 197, 199, 219, 277
Linterna china, Cómo
    hacer una, 246
Literatura
    "América" (Smith),
        102–103
    "Cómo se embelle-
        cieron los escara-
        bajos" (un cuento
        tradicional de Brasil),
        206–209
    "Hacer mapas"
        (Emans), 54–55
    "La regla de la amis-
        tad" (Ford), 6–9
    *Los sombreros de la
        tía Flossie* (Howard),
        150–157

Una tarde (Heo),
    254–259
Los niños en la historia
    Laird, Addie, 271, R19
    Parker, George S., 174,
        R19
    Wilder, Laura Ingalls,
        70, R19
*Los sombreros de la
    tía Flossie* (Howard),
    150–157
Lugares históricos,
    52–53, 99, 122–123,
    124–125, 141
Lugares históricos,
    52–53
    Boston Light, 52
    Fort McHenry, 52
    Parque Nacional
        Histórico
        Independence, 126
Luna, 189, 193
Llanura, I14, 63

M

Maestro, 10, 31, 42–43,
    82–83
Mañana, 134
Mapas, I11, I12–I13, 20–
    21, 54–55, 56–59, 95
    de Estados Unidos, 58,
        R6–R9
    de la ruta del
        Mayflower, 104
    de las 13 colonias, 106,
        113
    de países, 58, 220–221
    de territorios de indios
        americanos, 214
    de un vecindario, I11,
        20–21, 46, 56
    de un zoológico, 95
    de una escuela, 113

del mundo, 61, 94,
R2–R5
hallar capitales, ciu-
dades y estados en
los, 57, 58, R6–R7
hallar direcciones en,
72–73, 95
Indiana, 57
Kentucky, 24
que muestran la tierra
y el agua, 59, 61,
R4–R5, R8–R9
Oklahoma, 59
seguir rutas en los,
236–237, 247
simbolos en los, 20–21
ubicar Estados Unidos
en los, 58, R2–R3
ubicar los cuatro océa-
nos en los, 61, R2–R3
ubicar los siete
continentes en los,
61, R2–R3
Máquina de coser, 167
Máquina de escribir, 168
Mariposas, 88
Mayflower (barco),
104–105
**Medalla de oro del
Congreso**, 41
Medicina, 180
Mercado, 251, 280–281,
285, 288–289,
298–299, 301
**Mercado de agricultores
Royal Oak**, 288–289
Meses, 134, 182
México, 204–205, 224,
234
tortillas mexicanas,
204
Missouri, 69, 185
Modelo, 60
Mongolia, 240
Montaña, 114, 62, 66, 88

Monte Rushmore, 99,
122
Montes Apalaches, 66
Montgomery, Alabama,
41
Monumento a Lincoln,
130
**Monumento a
Washington**, 99, 122,
138–139, 141
Monumentos, 99, 120,
122, 130, 138–139
Mundo, 220, 225
mapas del, 61, 94,
R2–R5
Murales, 227
Música, 227

NASA, 192–193
Nashville, Tennessee, 52
**Naturaleza, preocuparse
por la**, 78–79, 82–83
Necesidades, 240–241
Negocio, 269, 273, 284,
298–299
New York City, 52–53,
278–279
Niños, 278–279
No ficción, 190–191
Norte, 72, 95
North Carolina, 66, 161

Objetos del pasado, 214,
224
Ocasiones especiales,
232–235
Océano, 114, 60–61,
64–65, 104, 224
Atlántico, 61, 65, 104
Pacífico, 61, 65
Océano Ártico, 61

Océano Atlántico, 61,
65
Océano Índico, 61
Océano Pacífico, 61, 65
Oeste, 72, 95
**Oficial de recurso
escolar**, 32
Oklahoma, 59
Organigrama, 216–217,
246, 283
Otoño, 85

P

País, 50, 58–59, 220–225
líder de un, 26–27
mapa de un, 58
Parker, George S., 174,
R19
Parks, Rosa, 40–41, R19
**Parque Nacional Grand
Canyon**, 52
**Parque Nacional Great
Smoky Mountains**,
66–67
Cades Cove, 67
**Parque Nacional
Histórico
Independence**,
126–127
**Parque Nacional Hot
Springs**, 52
Parques de diversión,
52–53
Disneyland, 52
SeaWorld, 52
Six Flags, 52
Parques nacionales,
52–53
Parque Nacional
Grand Canyon, 52
Parque Nacional Great
Smoky Mountains,
66–67

Parque Nacional Histórico Independence, 126–127

Parque Nacional Hot Springs, 52

Pasado, 146, 178, 181, 197–198

Patriotismo, 116–119, 128–133, 192–193

Península, 114

Peregrinos, 105, 131, 141

Philadelphia, Pennsylvania, 106, 113, 126–127

Pictograma, 264–265, 302

Pinzas para tender la ropa, 167

Pionero, 70

Plancha, 167

Plantas, 67, 82–83
"el médico de las plantas", 82

Playa, 45, 88

Pobladores, 88, 104–105, 214–215

Poesía
"Hacer mapas" (Emans), 54–55
"La regla de la amistad" (Ford), 6–9

Policías, 29, 32–33, 42–43

Polonia, 204–205
Chlodnik, 204

Pony Express, 185

Prácticas sociales, 210–215, 222–223, 225, 226–227, 232–235

Presa, 77

Presente, 146, 179, 197–198

Presidente, 26, 109, 110–111, 112, 130

el primero, de Estados Unidos, 109, 110–111, 130

Primavera, 85

Problema, 14

Pueblo, 69, 94

Puntos cardinales, 72, 95

Puntos de vista, 88–89, 226–227, 266–267

R

Radio, 168

Reciclar, 79, 81

Recordar, 252–253, 300

Recreación, 87, 93, 222

Recursos, 51, 74, 79, 90–91, 93
proteger los, 78–79
tipos de, 74, 79, 93
uso de los, 74–77, 79

Refrigerador, 166

Regla de oro, 35, 39

Reglas, 3, 10, 32–33
de Estados Unidos, 109
en la escuela, 10–13
en una comunidad, 16–19

Religión, 229, 231
libertad de culto, 36, 45

Resolución de problemas, 14–15

Resolver problemas, 14–15

Respeto, 34–37, 38, 40–41

Responsabilidad, 11, 13, 37, 45, 78, 218–219

Revolución americana, 108–109

Ríos, 114, 64, 89
"desembocadura de un río", 213

Rol, 203, 239, 245

Ropa, 86, 92, 159, 222, 240
del pasado, 146, 159, 164, 194
del presente, 146, 195

Rosa, 121

Rosie la remachadora, 266

Rusia, 221, 223–224

Ruta, 236–237, 247

S

Sacagawea, 218–219, R19

Salón de Independencia, 106–107, 127

Secuencia, 148–149, 196

Semanas, 134, 182

Servicios, 250, 262, 266–267, 301
del gobierno, 28–31
intercambiar, 282, 283, 300
tipos de, 262–263

Símbolos, 20, 100, 120–123
de Estados Unidos, 98–99, 100, 116–119, 120–123, 124–125, 126–127
en mapas, 20–21, R2–R9
en mapas de tierra y agua, 59, R2–R9

Símbolos americanos, 97, 100–101, 102–103, 116–119, 120–125, 138–139

Símbolos del mapa, 20–21

Símbolos patrióticos, 100–101, 120–123

Sindicato, 276–277

Sindicato de Trabajadores Agrícolas de América, 276–277

Smith, Samuel F., 102–103

Solución, 14

Sudáfrica, 239

Suelo, 74–75, 83, 93

Sur, 72, 95

Tabla, 176–177

Tabla de S-QS-A, 274–275

Tecnología, 145, 147, 186–189, 197

cambio y, 145, 186–189

herramientas caseras, 166–169

para la comunicación, 162–163

para el transporte, 145, 184–189

Teléfono, 162, 168

Televisión, 169

Temporadas, 85, 87

Tennessee, 52, 66, 69

Terre Haute, Indiana, 57

Tiempo, 84–87, 92

Tiendas, 261

Tierra, 62–63

como un recurso, 74–76

en mapas, 56–59, 60–61, R4–R5, R8–R9

de símbolos, 59

tipos de, 62–63

Tortillas, 204

Trabajadores

de fábricas, 271, 290–295

de granjas, 276–277

de la escuela, 10, 12, 31

del gobierno, 28–31

dentro y fuera del hogar, 160

huelga de, 277

militares, 129

mujeres, 160, 266

niños, 271

Rosie la remachadora, 266

sindicato de, 276–277

Trabajadores agrícolas, 276–277

Trabajar juntos, 14, 38–39

Trabajo, 252, 260–263, 268, 272–275

dentro y fuera del hogar, 160

Trabajos, 268–273, 274–275, 291, 295

Transporte, 71, 184–189

de bienes, 71, 291

del pasado, 184–189, 196, 198

del presente, 188–189

libros sobre el, 190–191

modelo de, 71, 89, 184–189, 198

Pony Express, 185

Trasbordador espacial, 188–189

Trece colonias, las, 106, 109, 113

Triturador de papas, 166

Ubicación, 56–59

Una tarde (Heo), 254–259

Valle de la Muerte, 86

Valle, 114, 63, 65

Vecindario, 68

mapa de un, 111, 20–21, 46

Vegetales, 75, 288–289

Vendedores, 261, 262, 280, 282, 285, 288–289

Verano, 85, 88

Vivienda, 70–71, 240

Voluntario, 273, 278–279

Votación, 26–27

Votar, 3, 26–27, 45, 47

Washington, George, 108–109, 110–111, 115, 130, R19

Weaver, Robert C., 226, R19

Wilder, Laura Ingalls, 70, R19

Wilderness Road, 88

Wilmington, North Carolina, 161

For permission to reprint copyrighted material, grateful acknowledgment is made to the following sources:

Belitha Press Limited: Cover illustration by Terry Hadler from *Traveling Through Time: Trains* by Neil Morris. Illustration copyright © 1997 by Belitha Press Limited.

Candlewick Press, Inc.: Cover illustration by Peter Joyce from *The Once Upon a Time Map Book* by B. G. Hennessy. Illustration copyright © 1999 by Peter Joyce.

Capstone Press: Cover illustration from *Flag Day* by Mari C. Schuh. Copyright © 2003 by Capstone Press.

The Child's World®, www.childsworld.com: Cover illustration by Mechelle Ann from *The Child's World of Responsibility* by N. Pemberton and J. Riehecky. Copyright © 1998 by The Child's World®, Inc.

Chronicle Books LLC, San Francisco, CA: From *Amazing Aircraft* by Seymour Simon. Text copyright © 2002 by Seymour Simon.

Clarion Books/Houghton Mifflin Company: From *Aunt Flossie's Hats (and Crab Cakes Later)* by Elizabeth Fitzgerald Howard, illustrated by James Ransome. Text copyright © 1991, 2001 by Elizabeth Fitzgerald Howard; illustrations copyright © 1991 by James Ransome.

Coward-McCann, A Division of Penguin Young Readers Group, A Member of Penguin Group (USA) Inc., 345 Hudson St., New York, NY 10014: Cover illustration by Paul Galdone from *George Washington's Breakfast* by Jean Fritz. Illustration copyright © 1969 by Paul Galdone.

Dial Books for Young Readers, A Division of Penguin Young Readers Group, A Member of Penguin Group (USA) Inc., 345 Hudson St., New York, NY 10014: Cover illustration by Jose Aruego & Ariane Dewey from *How Chipmunk Got His Stripes: A Tale of Bragging and Teasing* by Joseph Bruchac & James Bruchac. Illustration copyright © 2001 by Jose Aruego & Ariane Dewey.

Dorling Kindersley Limited, London: From *The Random House Children's Encyclopedia.* Text copyright © 1991, by Dorling Kindersley Ltd. Originally published under the title *The Dorling Kindersley Children's Illustrated Encyclopedia,* 1991.

Free Spirit Publishing Inc., Minneapolis, MN, 1-866-703-7322, www.freespirit.com: Cover illustration by Meredith Johnson from *Know and Follow Rules* by Cheri J. Meiners, M. Ed. Illustration copyright © 2005 by Free Spirit Publishing Inc.

Groundwood Books Ltd., Canada: Illustrations by Ian Wallace from *The Name of the Tree* by Celia Barker Lottridge. Illustrations copyright © 1989 by Ian Wallace.

Harcourt, Inc.: From *Sometimes* by Keith Baker. Copyright © 1999 by Harcourt, Inc.

HarperCollins Publishers: Cover and illustration by Kevin O'Malley from *Chanukah in Chelm* by David A. Adler. Illustrations copyright © 1997 by Kevin O'Malley. Cover illustration from *Grandpa's Corner Store* by DyAnne DiSalvo-Ryan. Copyright © 2000 by DyAnne DiSalvo-Ryan.

Herald Press: Cover illustration from *Henner's Lydia* by Marguerite de Angeli. Copyright © 1936, renewed 1964 by Marguerite de Angeli.

Ideals Publications, www.IdealsPublications.com: Cover illustration by Nancy Munger from *The Story of "The Star-Spangled Banner"* by Patricia A. Pingry. Illustration copyright © 2005 by Nancy Munger and Ideals Publications.

me + mi publishing, inc.: Cover illustration by Ann Iosa from *Jobs Around My Neighborhood/ Oficios en mi vecindario* by Gladys Rosa-Mendoza. Copyright © 2002 by me + mi publishing, inc.

Oxford University Press: From *Oxford First Dictionary,* compiled by Evelyn Goldsmith, illustrated by Julie Park. Copyright © 1993, 1997, 2002 by Oxford University Press. US edition published by Barnes and Noble, Inc.

Scholastic Inc.: Cover and illustration from *One Grain of Rice: A Mathematical Folktale* by Demi. Copyright © 1997 by Demi. "Making Maps" by Elaine V. Emans and "Friendship's Rule" by M. Lucille Ford from *Poetry Place Anthology.* Text copyright © 1983 by Edgell Communications. One Afternoon by Yumi Heo. Copyright © 1994 by Yumi Heo. Published by Orchard Books/Scholastic Inc.

PHOTO CREDITS GRADE 1 SOCIAL STUDIES

N O R T H A M
UNITED
Pr. Albert
Saskatoon
Regina
Winnipeg
Edmonton
Calgary
Medicine Hat
Moose Jaw
Brandon
Lethbridge
SASKATCHEWAN
Bismarck
Fargo
NORTH DAKOTA
MONTANA
Aberdeen
Pierre
SOUTH DAKOTA
Sioux
Spokane
Helena
Billings
Yellowstone Nat. Pk.
IDAHO
WYOMING
Boise
Casper
Pocatello
Platte
NEBRASKA
N. Platte
OREGON
Ogden
Cheyenne
Denver
Dodge City
Snake
Great Salt Lake
Salt Lake City
Elko
Pueblo
Reno
NEVADA
UTAH
COLORADO
Carson City
Mt. Whitney
14,494
Santa Fe
Flagstaff
Albuquerque
Amarillo
Las Vegas